知识就在得到

李翔/著

新 星 出 版 社 NEW STAR PRESS

回到采访

在离开记者这个行业将近5年之后，我决定重新开始做采访，并且发表出来。之所以这么做，是出于下面两个理由。

第一个理由，是它本身所具有的知识积累的价值。

我非常喜欢西方历史学之父希罗多德在巨著《历史》的开头写的第一句话：

> 以下所展示的，乃是哈利卡纳苏斯人希罗多德调查研究的成果。其所以要发表这些研究成果，是为了保存人类过去的所作所为，使之不至于随时光流逝而被人淡忘，为了使希腊人和异族人的那些值得赞叹的丰功伟绩不致失去其应有的荣光，特别是为了把他们相互争斗的原因记载下来。

这句话揭示了采访的价值所在。采访、记录和研究的目的是对抗遗忘，让后来的人可以真正做到站在前人的肩膀上前行，而不至于陷入不断重蹈覆辙或者不断重新发明轮子的怪圈中。

采访、记录和研究的对象，既包括“那些值得赞叹的丰功伟绩”——我们之中那些优秀的创造者们，不断在用自己的聪明才智创造出一些让我们所有人都变得更好的产品、服务和组织；也包括失败和争斗——即使是我们之中那些最优秀的人，也难免会犯下错误，这些错误其实都是在为作为一个整体的我们试错，都值得被记录。

这件事情在今天尤其值得做，因为今天做这种采访、记录和研究的人正在减少。这里面当然有很多原因，包括传统的严肃媒体的衰落；包括因为社交网络的发达，受访者的只言片语越来越容易被拿出来放大，这让他们越来越小心谨慎；包括各种碎片化或娱乐化的内容已经挤占了人们越来越多的时间，以及内容生产者们越来越倾向于认为，受众就是喜欢碎片化和娱乐化的内容。

但是所有这些原因都没有改变希罗多德指出的采访、记录和研究的价值——它是我们的知识积累的一部分。

尤其是那些一手的采访，可以让其他行动者受到启发，获得激励，或者哪怕仅仅知道自己并不孤独；也可以成为其他人研究或者评论的基础——至少可以通过一手的采访知道当事者究竟是如何想的，哪怕你认为他想的并没有道理。

第二个理由，是我还挺高兴做这件事情的。

每个人眼中世界上最好的工作都不一样。对于我而言，最好的工作就是可以见到那些我喜欢的创造者们，听他们分享自己的成就、经验、方法和挫败。为了避免显得自吹自擂，这个理由就说到这儿吧。

拿到这套小册子，你会看到什么？

首先，当然是第一手的长篇访谈。我会努力找到我能找到的、我欣赏和尊重的、最优秀的商业实践者和价值创造者，向他提问，请他分享他的实践经验、做事情的方法，包括经历过的挫败和收获。

我自己觉得它们一定会对你有所启发。而且，我还抱有一种雄心，就是希望它们在十年甚至几十年后，仍然能够激发读到的人。

其次，如果你愿意跟随这趟旅行，我相信你能看到一幅逐渐在你眼前展开的画卷。它不是静止的、一次性的，而是动态的、发展的。因为在我的设想中，我希望能够跟访谈的对象保持一个长期的、以十年甚至数十年为单位的沟通，把他们的想法和实践动态地、周期性地呈现出来。你看到的会是一部正在发展的、以人为单位的价值创造史，里面会有成就和经验，也会有矛盾和变化——毕竟世界本身就是不断变化的，它要求实践者做好准备随时推翻自己。

最后，因为这件事情要持续做下去还挺难的，所以我想用意大利著名记者法拉奇的一句话做一下自我鼓励：

我说我每进行一次采访都花了心血，这并不言过其实。我要花费很大的劲才能说服自己：去吧，没有必要成为希罗多德，你至少能带回一块对拼组镶嵌图案有用的小石头，和对人们思考问题有用的情况。要是错了，也没有关系。

最后的最后，希望这些文字真的对你思考问题有用，并让你得到激发，去进行自己的创造。

李翔

2020 年 10 月 20 日

目录

我想起所有的一代代人都让一些事情给搞得迷惘了，历来如此，今后也将永远如此。

——〔美〕海明威

00后

1

对年轻人的讨论总是引人关注。在他们尚未证明自己之前，就已经有太多的期待和赞叹被加在他们身上。

我看到过人们讨论80后。《时代周刊》(亚洲版)在2004年选择中国的80后一代作为封面报道的主题，并把他们跟美国“垮掉的一代”相提并论。接受采访的80后说：“我们期冀着真正的自由，去我们想去的地方，做我们想做的工作，拥有我们想要的朋友。”两年之后，《中国企业家》杂志挑选了一些80后的创业者作为自己讨论的对象，语调无限乐观：“数字技术改变了这一代人的命运”“互联网无限拓展了他们的视野和生活层次”。

然后是90后。这一代人被称为互联网原住民，他们的需求和消费习惯，以及对于互联网的使用方式，可能令年长者感到困惑，但也可能令其从中看到机会。在这种困惑或机会里，最经常被拿出来作为例子的，是以B站[①]为代表的视频网站的弹幕文化。老牌风险投资机构IDG甚至在2014年设立了一只规模为1亿美金的90后基金。

更早之前的2010年，中国体育品牌李宁已经提前喊出了“90后李宁”的广告口号，希望能让李宁这个品牌变得年轻化，抓住新一代消费者的心和钱。李宁在大街小巷的路牌广告上做了大量的投放，上面的广告语叛逆且让人振奋：“别老拿我跟别人比较”“你们为我安排的路总是让我迷路”“沿着旧地图找不到新大陆”“我只是对一成不变不敢苟同”“我只在意和自己一寸一寸较量”“不是我喜欢标新立异”。

然后是更年轻的一代。B站在2020年的一个宣传片《后浪》中如此赞美他们：“你所热爱的就是你的生活，你们有幸遇见这样的时代；但是时代更有幸，遇见这样的你们。”在这个宣传片里，年轻的后浪们，“自信”“专业”“大气”“更容得下多元的文化审美和价值观”。

不过，跟之前不同的是，“大人们”不再只是挖空心思把各种形容词进行搭配，去赞美和讨好年轻人。在公众舆论里，还存在着另外一个版本的“后浪”。

他们没有那么大气，也没有表现出对多元的文化审美和价值观的包容。

① 指国内著名视频网站哔哩哔哩（bilibili）。

像以往每一代刚刚开始工作的年轻人一样，他们在工作中的表现也会受到质疑。不过，这一代的年轻人对质疑的反应似乎更加激烈。在互联网上，他们是要把资本家挂路灯[①]的人，是职场维权斗士。社交网络和短视频平台上的创作者以此为主题，乐此不疲地进行了很多内容创作。

他们对世界和生活似乎也没有那么热爱。知名投资人徐新说，她的基金做 95 后访谈，请年轻人用一个关键词描述自己，结果听到最多的是“佛系”。

2

到了 2022 年，在赞扬和嘲讽之外，又多了一种新的态度：忧心忡忡。

这一年是标志性的一年。中国应届高校毕业生总人数第一次突破 1000 万，共计有 1076 万人毕业。这一年也是千禧年出生的一代开始大规模走入职场的一年。2022 年本科毕业的大学生，绝大部分出生于 2000 年。

他们出生在一个朝气蓬勃的年代。2000 年之前，中国经济已经高速增长了 20 多年，在这一年仍旧保持着 8.4% 的 GDP 增速。2000 年，中国国内生产总值第一次突破 1 万亿美元，经

① 指把资本家挂在路灯上吊死，用来表达对资本家的深恶痛绝。

济总量排名全球第六。而且，可以想见，只要继续维持高速增长，中国的经济总量还会不断提升。

与此同时，中国也在加速融入世界。2000 年 5 月 19 日，中国和欧盟就中国加入世界贸易组织达成双边协议。9 月 19 日，美国参议院以 83 票对 15 票的压倒性多数通过了对华永久正常贸易关系法案。接下来的 10 月 11 日，当时的美国总统克林顿正式签署了这项法案。这一年的谈判，让中国距离正式加入世界贸易组织仅有一步之遥。

事后来看，在当时的商业世界，创新的力量格外活跃，而且不仅仅集中在北京和上海这样的超大城市。后来在互联网时代中全国领先的三家公司都成立于 2000 年前后：1998 年 11 月，腾讯在深圳成立；1999 年 9 月，阿里巴巴在杭州成立；2000 年 1 月，百度在北京成立。中国能够成为全世界唯一在互联网平台和数据科技方面可以同美国相提并论的国家，与这三家公司密不可分。

所以，在社交网络上，有人说，这一代人生于高点。

然后，他们在成长过程中，也的确是一路看着中国持续走高：2008 年，中国成功举办了北京奥运会，而且，因为中国政府有力的财政和货币政策，中国非常快地从全球经济危机中恢复过来；2010 年，中国的经济总量超过日本，成为全球第二大经济体；2012 年之后，中国在移动互联网的模式创新上全球领先，比如移动支付、外卖服务；2018 年，中国人均 GDP 超过 1

万美元……

但是等到 2000 年出生的这代人大学毕业，也就是 2022 年，他们却要面对新冠肺炎疫情和大环境变化等多重因素的冲击。2022 年的夏天，在社交网络上被称为“史上最悲壮的毕业季”。

智联招聘在 2022 年 4 月份发布的一份报告中说，截至 4 月中旬，仅有 46.7% 的求职毕业生拿到 offer（录用通知），已经签约的则只有 15.4%。他们的期望月薪比起 2021 年也下降了 6%。

虽然人数相比往年更多，但这一届毕业生听到的却都是关于工作岗位的坏消息。即使是像阿里巴巴和腾讯这样的千亿美金级公司也在收缩。而根据财经门户网站东方财富的 Choice 数据平台统计，截至 2022 年 4 月 30 日，A 股上市公司中，共有 4650 家公布了员工变动人数，显示有 1697 家进行了不同程度的裁员，裁员总数为 909993 人，其中 14 家裁员超过 1 万人。

在智联招聘发布的报告中，把国企列为自己偏好的首选就业企业的毕业生比例，达到 44.4%，比 2021 年要高接近 2 个百分点；选择民营企业的比例则从 2021 年的 19% 下降到 17.4%。报告说，“国企热、考公潮升温，民企热度降低，共同折射出本届毕业生在选择工作上的求稳心态加剧。”

3

至于我个人，我其实认为，代际的差异是被夸大的。很多差异，与其说是代际的差异，不如说是不同年龄段的人之间的差异。每一代人都难免在十八九岁时表现出让年长者瞠目结舌的愚蠢和对世事的无知。而年长者当然会表现出相对于年轻人而言的老练和成熟。这些差异跟本质无关，只不过是经历赋予的。

所以，格特鲁德·斯坦因[1]会对海明威说："你们是迷惘的一代。你们对什么都不尊重。你们总是喝得酩酊大醉。"八十岁时的亨利·米勒则说："正是通过对年轻人的观察，你才得以看清你自己曾经——甚或至今，属于哪一类型的笨蛋。"

同样，每一代人在年轻时也会表现出让年长者羡慕乃至嫉妒的热情和才华，让人对他们的未来抱有无尽的乐观。年少有为、青年才俊、少年得志，这些词语表明，很多品质正是因为跟年轻联系在一起，才显得可贵。但是就像把诺贝尔和平奖颁发给刚当上总统的奥巴马一样，它更多是在表达对未来的可能性的期待，而不是对当下状态的满足和认可。

至于品牌和商业机构，它们当然要热情地赞美年轻一代。这是它们现在和未来很长一段时间内的消费者和用户。消费公

---

① Gertrude Stein，1874—1946，美国小说家、诗人。

司不需要考虑年轻一代购买者可能遇到的人生困惑。

但是我又隐约感觉到，00后这一代有所不同。他们同时承受着赞美和诋毁。关于他们，任何人都可以拿出一套用逻辑推演出来的说辞，哪怕相互矛盾，但听上去又都有道理：

因为成长于更加繁荣的年代，他们会更加包容也更加开放；因为成长于更加繁荣的年代，他们会更加自我也更加民族主义。

因为在成长过程中可以通过互联网接触到各种各样的信息，他们更容易找到自己的热爱所在；因为在成长过程中更加被骄纵，他们对于工作更加缺乏耐心，在跟人协作的过程中也更加自我。

因为高房价和高生活压力，他们的人生态度更倾向于得过且过；因为越来越激烈的竞争和越来越好的教育，他们更加“内卷”。

他们经历的外部环境的变化和他们自己的情绪和观点的变化都被浓缩了。在智联招聘的报告中，有1.9%的2022年毕业生声称会选择更加冒险的创业。而在2018年，红杉资本的一份研究报告说，“令人感到惊奇的是创业意愿这个选项，由于互联网的普及，这些年轻人的知识面得到前所未有的放大，15%的00后选择了‘创业’作为未来职业的兴趣方向。”

四年之前想要选择创业，四年之后实际行动却变得求稳，这个小小的变化可能同这四年中最大的两个变量相关。第一个变量是反反复复的疫情，第二个变量是因为监管政策的变化而带来的对创业英雄们的祛魅。

疫情让 2018 年入学的大学生们，用了三年的时间去上网课，疫情也让他们中的很多人在需要实习的时候没有办法到另外一个城市，甚至有时候连校门都出不去。

监管政策的变化，包括大众情绪的变化，让很多创业英雄的地位大不如前。创业英雄的逻辑是，无论何种出身，年龄大小，你只要能创造出人人爱用的产品或者服务，就会同时赢得资本和媒体的青睐。从硅谷的车库英雄（如惠普和苹果的创办者）、大学宿舍中的学生极客（如谷歌和脸书的创始人），再到中国当代的许多年轻企业家，都是如此。但是这些曾经激发年轻人无限雄心的人，现在已经在某种程度上引起了争议，这也让年轻人会主动选择向后退。

4

最近，我总会问自己一个问题：如果今天我是一个 18 ~ 22 岁的年轻人，我会怎么想？我会关心什么问题？

这个问题至关重要，因为很大程度上，在未来的数十年里，这些年轻人的行动会是塑造社会的重要力量。

再进一步看，年长者对他们的看法又在多大程度上是偏离了事实的？回答这个问题的一个方法，是回望一下我自己年轻时的体验。

我是20世纪80年代生人，2000年进入大学读书。80后好玩的地方在于，这一代人刚好赶上社会生活的方方面面从计划到市场的过渡。所以互联网上会有这代人的自嘲：上大学时赶上大学收费，毕业时赶上工作不包分配，成家立业时赶上了高房价，再过几十年又会赶上延迟退休。

如果从一个当时的成年人的视角来看，我这一代人也遇到了太多的大环境的变量。

在我来到大学读书的第二年，也就是2001年，发生了“9·11”恐怖袭击。当时我正在城中的一家网吧，网吧内几乎所有人都停下了自己正在做的事情，在新闻网站的页面上，反复观看飞机撞上纽约世贸中心大楼的画面。可能是因为长期以来的思想意识，再加上1999年美军飞机轰炸中国驻南联盟大使馆事件，以及2001年早些时候的中美南海撞机事件，我记得校园内的活跃分子们还进行了一番小小的庆祝，比如在校园内贴上标语等。但是很快，新华社就报道了时任中国国家主席江泽民同时任美国总统布什之间的通话，活跃分子们马上安静了下来。

今天回想，坦白说，我不认为那些积极地要对这件事情表态的同学，对地缘政治和中美关系有多么关心。无论表现出怎样的姿态，他们都更像是一群年轻活跃的学生想要吸引其他人的注意力。至于我自己，今天我可能会跟你讲，亨廷顿的《文明的冲突》早预见到了这一点，描述了布什内阁在“9·11”之后的决策是怎么影响了之后世界政治的走向。但在当时，这件事情只是日常生活中一条重要的，但与我无关的新闻。至于2003年布什政府对伊拉克的入侵，我不记得大家就此发生过任何讨论。生活中的其他事情有更重要的位置：打工、自习、考试……

但是2003年发生的另外一件事情真实地对包括我在内的很多同学形成了冲击。那就是非典[①]。

非典爆发的时候，我们正在进行大三下半学期的实习。这是学校对新闻学系学生的例行安排。我的实习单位是位于北京的《经济观察报》报社。我后来就是在这里开始了我的第一份工作。我记得北京空荡荡的大街，也记得办公室要求每个记者固定使用一部固定电话，而不是像之前那样随手抓起桌子上的电话开始拨号。一些同样在北京实习，但是住在大学宿舍的同学开始感受到压力，因为当时有一例感染者是北京交通大学的学生。提前结束实习返回学校的同学，被学校要求统一隔离在学校附近的酒店里。

但是大家并没有多么忧心忡忡。年轻人如此，我身边的师长们也如此。很多人从中国政府对于非典的应对中，看到的是积极的变化。在2003年4月20日那一天，当时的中国卫生部

① 非典型肺炎。又称SARS（严重急性呼吸道症候群）。

部长和北京市市长被免去职务，新任卫生部常务副部长高强在媒体上对没能有效处理公共健康危机公开自省。政府也一改之前拒绝对外公布疫情信息的方式，开始在新闻发布会上公布感染非典的人数。包括《经济观察报》在内的很多媒体，开始把这次危机视为政府进步的动力和一次前所未有的改变过去治理方式的契机。

当我 2004 年毕业时，经济情况和就业状况也不是那么乐观。在我入学的前一年，也就是 1999 年，中国高校开始扩招。结果就是，从 1999 年开始，每一年的新生录取人数都在增加。这让更多的人可以进入大学享受本科教育，也创造出了更多的大学本科毕业生，让他们去市场上为了一份工作而竞争。

2004 年，也就是我毕业那一年，新华社报道说，中国普通高校毕业生数量达到 280 万人，比 2003 年增加了 68 万人，“教育部官员表示今年高校毕业生的就业难度仍旧很大”。当时的国务院总理温家宝在政府工作报告中两次强调了大学生的就业问题。

2004 年也是中国经济的宏观调控之年。在非典发生的 2003 年，中国 GDP 的增长率达到了 9.1%，是 1997 年以来中国经济增速最快的一年。那一年，中国也成了全世界吸引外商投资最多的国家。进入 2004 年，增长仍然在加速。2004 年第一季度，GDP 同比增长 9.8%。在媒体上，关于经济是否过热的讨论越来越多。简单来说就是，虽然人人都喜欢经济增长，但是不会有人喜欢经济过热带来的物价过快上涨，以及因为投资增长过快而引发的其他问题。

结果是，中国决定给发热的经济引擎降降温。2004 年春节刚过，国务院就召开电视电话会议，要求严格控制部分行业的过度投资，并且点了钢铁、电解铝和水泥行业的名字。中国政府这种包括财政政策和货币政策在内的一揽子经济干预方案，被称为宏观调控。

2004 年这一轮宏观调控中有一个颇具代表性的名字，江苏的钢铁领域企业家戴国芳。在 2003 年的《新财富》排行榜上，他是中国排名第 376 位的富豪。而且他的财富规模本可能进一步扩大，因为他的公司铁本在 2003 年开始了一个预算超过 100 亿元的大型钢铁投资项目。戴国芳还为自己的公司提出了“3 年内超过宝钢，5 年内追上浦项[①]”，成为全球前五大钢铁公司的目标。戴国芳因项目涉嫌违规而入狱和铁本项目被叫停成为当时轰动一时的新闻。几乎所有重要的经济学家和媒体都卷入了这场讨论。

不过，外部环境吵吵闹闹的变化，似乎并没有影响到我和我的同学。我没有听到太多的抱怨。这可能是因为尽管监管有意在踩刹车，但是中国经济仍然在加速增长。这一年，中国 GDP 的增长率达到了 9.5%，而且在接下来的三年增长速度更

① 韩国浦项制铁公司，是世界最大的钢铁制造厂商之一。

快：2005 年 9.9%、2006 年 10.7%、2007 年 11.4%。这是中国的上升期。在上升期里，没有什么困难是不能被克服的。

5

22 岁的我在关心什么?

当然我关心要找一份工作。不过，在大二的时候，我就已经确定了自己接下来要做什么。我不会去考研究生。尽管这对今天 22 岁的年轻人来说，是一个非常主流的选择，但在当时，我印象中并没有太多人去考研究生。而且，在不大的校园里，我能够碰到一些研究生师兄师姐，也大概知道他们的生活状态和对未来的想法。那不是我想要的状态。何况，那时候我就顽固地认为，新闻更像是一种实践，而不是一门学科。

我也很少听到有人去考公务员，尽管我查资料时发现，中国在 1993 年就确立了公务员考试制度。工作之后我倒是听说过这样一个例子，一位朋友劝说他当时的女朋友放弃一个提供上海户口的工作机会，跟他一起到北京。他说，还要什么户口啊，户籍制度五年之内一定会取消!

有相当一部分同学会选择加入新华社或者《人民日报》《经济日报》这样的传统新闻机构，但我很早就放弃了这种想法。我读大学的 2000 年到 2004 年，是市场化媒体兴盛的年代。有不少新闻人立志要在中国做出像《华尔街日报》《金融时报》《新闻周刊》和《时代周刊》这样的出版物。对理想化的年轻人而言，那是更有吸引力的选择。2000 年前后，是一个体制之外万物生长的年代。诞生在这一时期的，不仅有百度、腾讯和阿里巴巴，也有《21 世纪经济报道》和《经济观察报》这样的媒体。

我来到《经济观察报》的评论部，拿着自己的文章和简历毛遂自荐，被当时的评论部主任何军录取。然后，我高高兴兴地在《经济观察报》办理了入职，职务是助理记者，在正式毕业之前，就已经拿了几个月 3500 块的月薪。

在确定了要到北京工作之后，我关心如何在报社附近找房子。那时候北京还有非常多的房屋中介公司，找房子时被所谓的黑中介骗是常见的事。

然后，当你开始工作了，你才会发现，工作其实是件非常难的事情。其中最难的部分是，你要在一个组织中找到自己的定位和工作内容。我用了很长一段时间才在编辑们和报社内热心的前辈们的帮助下勉强找到。

当时持续激励我的一个故事，是《纽约时报》记者索尔兹伯里的经历。报纸的本地版编辑发配他去做一篇关于纽约市如何处理垃圾的报道。主编不喜欢的几乎所有记者，都被发配去报道过同类的题材。但是索尔兹伯里没有灰心丧气，相反，他沉浸其中，做出了一篇关于纽约市垃圾问题的百科全书式的报道，让当时的第一夫人看完后专门打电话到办公室来找他。后来，他成为中美建交之后首批获准进入中国采访的美国记者之一，写出了《长征——前所未闻的故事》这样的作品。

这个故事的寓意其实非常简单：只要你愿意，这个行业总会有机会给你，因为这个行业终归是结果导向的。

6

回到现在的22岁的年轻人，当然和很多人一样，我也会对他们这一代年轻人感兴趣。尽管我并不想卖点什么东西给他们，但我还是好奇，成长在这样一个变化的年代，会对人产生怎样的影响。就像我曾读到的一句话，“以中国速度成长对心灵的影响”会是什么？

我的职业是一名记者。作为一名记者，我的工作方法是找到具体的人，去问他们问题：他们遇到的困难，他们现在的状况，他们的好奇，他们的焦虑，他们的不满，他们的规划，他们对未来的期盼，他们在读什么书、看什么电影、追什么综艺或者剧集，他们在用什么App，他们在买什么东西，他们关心我和我的朋友关心并吵成一团的问题吗，他们会对什么事情忧心忡忡……

记者的方法是笨拙的方法，不见得高明或者科学。因为无论如何，记者能做的事情毕竟只是关注个体，不像社会学家或者今天的数据科学家，能通过宏观的数据来说明自己的观点。

但是记者的方法能让你看到个体更具体的想法。

这是我决定做这一期“详谈”的出发点。在同事张英海的帮助下，我访谈了四位 2022 年毕业的本科生，他们都出生于 2000 年，有着不同的经历和不同的选择。北京大学的郭子介会到百度去做产品经理；四川农业大学的陈彦达可能会选择继续做抖音创作者；香港中文大学的陈泽宁选择延期毕业一年，继续读书，然后利用这一年时间思考自己接下来的路；陕西科技大学的刘欣怡在考研失败后，犹豫着要出去找工作还是继续考研，这次要选一个自己喜欢的专业。

我刻意地避开挑选这一代中所谓的名人。一个原因是，拉长时间尺度来看，一个人在这个年龄段取得的成就，其实并没有那么重要。最简单的例子是，媒体在 2004 年前后挑选的 80 后代表，你今天可能基本上都没听说过。另一个原因是，过早的成就和知名度可能会让人学会表演，那些急于彰显自我价值的话，在一个年长者看来，其实每一代都大同小异。

至于这四个 00 后是不是典型，郭子介的回答让我印象深刻。他说，他自己也想过，他是不是一个典型的 00 后，思考之后他认为，其实没有谁是典型的。跟互联网公司给自己的投资人描述典型用户不同，可能并不存在一个通过数据和标签拼贴出来的典型的 00 后。

当然，我们在选择的时候，也会尽可能地照顾到多样性：不同的学校、不同的城市、不同的背景、不同的经历。除此之外，“详谈”也跟用户主要为年轻人的社交网络平台 Soul 合作，在 Soul 的用户中进行了问卷调查。

在跟这几位同学交谈的过程中，我总会感慨，无论是不是一种错觉，可能每一代年轻人都会遇到自己时代的挑战，而这些挑战抽象来看，其实不乏共同之处。比如说，现在 20 岁出头的年轻人和我那代人一样，都面临着大环境的变化：大的国际关系的变化——只不过“9·11”恐怖袭击更像是全球化的一次阵痛，而今天的俄乌战争可能会给全球化带来真正的挑战；一场突如其来的全球流行病的冲击；以及中国特色的经济治理语境。

抛开时间赋予我的优势，对于跟我交谈的这几位 00 后同学，我的一个深刻感受是，可能因为他们接受了比我们当时更多元的内容输入，在面对外部世界时，他们在很多方面其实比我们那一代年轻人要更优秀，或者即使不能说是更优秀，也要更老练。

他们也比我们当时在物质上要更加有安全感。我记得我工作之后买第一台电脑还需要向同事借钱，而他们已经可以更从容地去考虑自己接下来要怎么选择，是继续读一个自己喜欢的专业，还是去工作。

当然，我们都很焦虑。但年轻人的焦虑似乎是常态，因为年轻人会有更多的选择和更多的可能性。选择本身就会带来焦虑。

在同他们交谈完之后，我其实并不担心他们的自我和叛逆。我相信一个说法，人类进步的主要原因，是下一代人不听上一代人的话。在20世纪60年代的美国，也正是充斥着摇滚乐、反战和平权运动的非主流文化，孕育了硅谷的科技革命。

我也不担心外部环境变化对他们情绪的冲击。坦白而言，时代总是乱糟糟的，但一代代人就是这么成长起来的。以美国为例，经历了大萧条和世界大战的年代，造就了“伟大的一代”；经济繁荣、生活富足的20世纪60和70年代，也可以催生出了不起的艺术家和科技创业家。

如果说还存在一丝担心，那就是，因为今天是一个主流格外强大的年代，我担心，他们会因为过于聪明，在跟外部世界打交道时过于熟练，过于知道如何投世界所好，而牺牲掉他们的自我，在从众和叛逆的天平两端，无限制地偏向于从众。

除此之外，任何对于这一代人的断言，其实都大可不必相信。他们所讲的话和他们给我的感受，跟我从各种文章中读到的00后，跟社交媒体贴给他们的标签，是差别巨大的。上一代人总是习惯于把下一代人想象成自己难以理解的另一个物种，但其实并非如此。

而且，事实上你也别无选择，你只能相信年轻一代。无论如何，他们都是未来的塑造者。

郭子介 · 北京大学

自我介绍：

郭子介，2018 级北京大学元培学院政治学、经济学与哲学方向本科生，2022 届北京大学优秀毕业生。曾就职于百度、腾讯、美团，现为百度搜索广告策略产品经理。曾于《三联生活周刊》实习，撰写《绩点为王：中国顶尖高校年轻人的囚徒困境》等文章。

（自我介绍由受访者本人撰写）

我和郭子介约在北京中关村大街一座写字楼底商的咖啡馆见面。这是 2022 年的 4 月下旬，他已经拿到了百度的产品经理 offer，正处在等待毕业但还没有开始工作的难得的闲暇期。

即使在北京大学，郭子介就读的院系也让人羡慕。他是元培学院 PPE 专业的学生。元培学院以北京大学传奇校长蔡元培的名字命名，在高考招生时竞争的激烈程度跟光华管理学院相当。PPE 指政治学、经济学与哲学，是元培学院开设的跨学科专业。

他是个北京孩子，原本希望过上一种搞学术研究的生活。但大二时他发现，自己可能并不适合去过学院生活，像入学时读到的马克斯·韦伯[①]的文章那样，以学术为志业。相反，他开始对互联网公司的工作环境和工作方式产生兴趣。他决定不继续读研究生——尽管无论是希望做学术研究，还是希望进入公务员体系，读一个研究生学位都很有帮助——而是在本科毕业之后直接去找一份互联网公司产品经理的工作。

但是要到大厂，也就是知名的大互联网公司找一份产品经

---

① Max Weber，1864—1920，德国社会学家、历史学家、政治学家、经济学家、哲学家，与卡尔·马克思和埃米尔·杜尔凯姆并称为社会学的三大奠基人。

理的工作，即便对于一个北大排名前 20% 的毕业生来说也不是那么轻松。它需要你妥善经营好自己的简历，并且在面试时娴熟地应对面试官的各种问题和套路。在简历上，你需要有好的实习经历。当然，最直接的好实习经历就是在知名互联网公司工作过，并且取得好评。这会给应届生在面试求职时加分。有了这些实习经历，你就不只是一个聪明的应届生，而且是一个已经熟悉了互联网公司工作的成熟的年轻人。

郭子介在大学期间有过三段互联网公司的实习经历，分别是在百度、腾讯和美团。他的毕业院校、成绩和实习经历，帮助他在秋招中拿到了百度产品经理的 offer，还被公司选中进入了专属的培养计划——AIDU 计划。即便如此，在讲述自己的实习经历时，他还是会有些懊恼，认为自己在更早期的暑期实习中有些大意，投递简历时犯了策略性的错误，因此没有拿到更好的机会。从这些细节你不难看出，这是一个勤奋、焦虑和头脑清醒的年轻人。

找工作

李翔： 你感觉现在找工作的过程顺利吗？

郭子介： 我是去年（2021 年）秋季招聘拿到的 offer，今年毕业开始工作。正式找工作主要是从去年 8、9 月份开始的。之前就是很常规地从日常实习做起，一个一个地做，做到秋季招聘的时候，就投很多的简历，一个一个地去面试。但是如果你问现在的话，情况又和去年很不一样了。

李翔： 为什么今年和去年很不一样？

郭子介： 因为今年年景不好，整个互联网行业招的人都变少了。比如，像腾讯微信事业群，听说今年就直接不招暑期实习生了，可能之后也没有名额开放给秋季招聘。各家都是这样。所以今年在找暑期实习和参加秋季招聘的同学，压力还挺大的。

李翔： 压力你是怎么感觉到的，看新闻还是从你身边的朋友身上？

郭子介：我有一个同学，跟我同一级的，但是她延迟一年毕业，她今年找工作还挺焦虑的。还有之前实习时的同事，她参加的是春季招聘，3、4 月份找工作找得也不太顺利。

李翔：正常的找工作，是从大三开始吗？流程是什么？

郭子介：互联网这边有三种，暑期实习留用、秋季招聘和春季招聘。一般秋季招聘是最重要的招聘，但其实你找工作从暑期实习开始肯定是晚了。暑期实习是在大三暑假，但已经是你要有工作经验才能找到。也就是说，你投递暑期实习申请的时候，至少要有一段相关的工作经历。

李翔：大三实习就已经要求有工作经验了？

郭子介：对。我觉得互联网公司的非技术类岗位非常强调工作经验。比如我的一个同学，是我们学院经济方向的前几名，成绩非常好，综合能力也很强。他去面字节跳动商业化产品的暑期实习，就没过。公司要熟练工。现在招实习的意思是，它不是一个培养新人的过程，而是用低成本雇佣一些熟练工的过程。

李翔：一直这样吗？

郭子介：我觉得之前不是，也就是从这两年开始越来越严重了。2018 年我刚上大一的时候，是各家公司的增长期，都在疯狂地招人，所以基本上投简历就会过。那个时候大家还不太想去互联网。不过，有一些同学会去字节，因为字节离学校很近，走路只需要十五分钟，很方便。

但是现在，基本上没有两到三段相关经历的话，参加大厂的秋招，应聘成功的难度会比较大。本科就业的话，秋招主要集中在大四的 9 月份。相当于大三下学期开始暑期实习，7 月份开始投递，8 月、9 月集中面试。

李翔：那是不是理论上现在（4 月份）找工作都已经没机会了？

郭子介：如果你是一个 2023 年的应届毕业生，想找互联网的工作，肯定是已经很晚了。

李翔：你说在你大一的时候，像字节这种互联网公司还不是很热门的工作，那个时候什么是热门的、大家都愿意去实习的工作？

郭子介：我觉得大家还是比较喜欢去做金融和咨询。比如说大一的时候会去 MBB① 做 PTA②，短期实习。或者去投行，比

① 指麦肯锡、贝恩和波士顿这三家全球顶级战略管理咨询公司。

② part-time assistant or analyst 的缩写，指兼职助理，这种岗位在企业咨询行业比较常见。

如说三中一华[①]这些地方去实习。现在它们仍然热门，只是太卷了、人太多了，综合考虑成本和回报，去那里还不如换一个行业，所以我感觉身边的人最近到互联网的才稍多了一点。

李翔：相当于从大一就开始实习，大一大二大三一直实习。

郭子介：现在正在读大一的同学，如果本科毕业就工作的话，在大三上学期或者大二暑假开始实习是一个比较好的时间节点。

李翔：你是大一开始实习的吧？只不过是去媒体实习。

郭子介：对。我大一开始实习的，不过跟我后面的职业选择没有关系。所以我实际上是大三才开始做跟我的职业选择有关系的实习工作。

李翔：你们同学呢？

郭子介：我的专业是政治学、经济学与哲学，不过经济学是在光华管理学院上的，所以有很多商科的同学，他们实习都会偏早。比如说三中一华的实习，厉害的同学在大一下学期就做了。包括 MBB 的 PTA，主要是 BCG（波士顿咨询公司）和

① 指四家内资头部券商：中金、中信建投、中信集团、华泰证券。

贝恩来招，BCG 每年有两批，春季一批，秋季一批。早的会在春季申请，在大一的暑假开始做，晚一点的就是大二上学期参加秋季那批。大家都在这个节点开始。如果你毕业之后想去做投行、做咨询，那么在每一个时间点应该怎么规划，已经是非常成熟的一套模式了。

李翔：你没有想过去金融机构吗？

郭子介：因为我大三才开始考虑工作，时间节点已经错过了。像金融和咨询，我的同学们，大一下学期或者暑假就开始实习了。我如果大三上学期才开始实习，去找同年级同学，请他们内推我到一个他们大一实习的地方，可能还内推不了，因为他们已经不在那里了。我得找大二的学弟学妹。

李翔：所以，如果你想去大的金融机构工作，基本上是要求你从一进学校就开始准备，大一就要实习，一步一步去做，是这样的吗？

郭子介：可以这样理解。金融是一个很看门第的行业，不同机构的要求不同。如果想去一些非常好的机构，你可能还需要读一个硕士作为敲门砖。而要申请到这些非常好的硕士项目，你就需要认真规划。实习只是这种规划里的一环，其他还包括比如多上课尽早把学分修完，为后面的学期腾出时间；早点考出托福和 GRE 成绩；等等。所以说不见得是大一就要开始实习，但准备肯定是从大一开始的。

有一个趋势是，投资人都在投更专的领域，比如说生物医药，更青睐有相关背景的候选人，所以很多金融机构可能喜欢生命科学本科专业最后转去金融的人。当然这个转换也不太容易，本科学生物的，你要去保金融硕，规划要开始得更早，准备更多。要去学经济学双学位，去投行实习，在自己很繁重的课业里面，还要额外再加进很多东西。

规划和选项

李翔：你的职业生涯规划是从大三开始想清楚的吗?

郭子介：差不多，从大二下学期开始有想法，后面慢慢地想清楚，不过我觉得到现在也不能叫想清楚了，是逐渐明朗的过程。

李翔：就是在互联网公司做产品经理吗?

郭子介：对，最开始是看到了互联网行业，后来在实习的摸索里一点一点明确具体的职能和业务。可能我接下来至少三年都会稳定地在百度做产品经理，之后再看自己的能力和市场的行情做些调整。

李翔：这个想法是怎么冒出来然后细化的？你开始是想做学术?

郭子介：是的，其实我们专业，包括我们学院，是一个学术氛围很浓厚的地方。像我做的这种工作选择，其实是一个特例。在找工作的时候，像金融、咨询，已经有很成体系的、类似攻略的东西，一步一步教你该怎么做。但是互联网，我求职的时候就没有。往前找几届的学长学姐，几乎就没有去互联网的。

李翔：你们专业还是你们学院？

郭子介：我们学院每年毕业二百多人，以往几乎很少看到有去互联网行业非技术岗工作的。学计算机的，肯定有人去互联网公司，但是他们对我的求职没有什么帮助，我跟他们也不是很熟。战略和商业分析多少有一些，但是像产品、运营、营销这些，基本上前面是没有本科生毕业直接去做的。所以其实我算是一个比较大的特例。大家更多的还是选择保研或者出国，或者是去传统的热门行业，像金融、咨询。

去做产品经理，没有规划，但也不是偶然的事情。大三上学期的时候，我觉得学术不太适合我，技术也不适合我，就想做点其他的实习。当时投递的范围很广，互联网、金融、咨询，还有像消费电子，比如 Apple，我都投了。后来我第一份互联网实习是在百度做的，因为百度最快答复我。2020 年我大三，那时候大家已经比较希望看到一些有相关经历的人进来了，所以找实习也没有那么好找。

去了百度之后，我那份工作可以叫用户研究，也可以叫数据分析，做的活儿有点杂。当时我觉得还蛮有意思的，我不排斥这个事情，它和我的能力也匹配。后来了解多了之后，我感觉自己对互联网行业还是比较有兴趣的，觉得它的工作模式，以及工作氛围还不错，就这样一段一段地做下来了。

其实我的每段实习经历中，岗位都有调整。第一段在百度做的是数据分析或者用户研究。第二段在腾讯视频做的是一个分析类的岗位，商业分析或者给运营做业务分析。决定第三段做美团的用户产品实习是在 9 月份，当时还没收到百度的 offer，后来收到 offer 了，但已经答应了美团的 leader（组长）要过去，就还是去做完了。当时也觉得，以一个没有任何产品相关工作经验的背景去百度做全职不太好，所以就去美团做到了 2022 年 1 月份。后来就没有再实习了。

李翔：你刚才讲自己的选择在同学里面算是另类的，为什么会出现这种情况？

郭子介：信息是一方面，首先你要对自己、对市场有很多的了解，才知道你到底能不能找到这个工作。我自己接触工作还挺早的，大一的时候在《三联生活周刊》实习过，接触了一些当时正在找工作的人，后来我也参与了学校就业中心的一些活动，所以对就业这一套东西可能比大家了解得稍多一些。另一方面是我自己没有很强的读研的执念，很多同学是想读个研究生的，我不想读，因为之后我不做学术，那就意味着我要去读硕士就只是读一个专业硕士。我当时就觉得，如果我之后还是去互联网的话，互联网不需要硕士学历，本科就行了，那我就没有必要去读。很多同学希望进体制，但我不想进，如果进体制的话，最好就要有硕士学历，越高越好。

李翔：就是说要进体制需要有硕士学位，这样考公务员好考？

郭子介：考公可能区别不大，部分岗位可能有要求。清北的同学更多走选调[①]，选调还是有硕士学位会更好，而且也能在体制里走得更远。

李翔：你前面讲到，你发现学术不适合你，具体是怎么有这个想法的？至少在大二之前，你是打算选择大部分人要走的路的？

郭子介：对，可以这么说。我大二的一整年都是以申请一个经济学博士为目标去规划自己的生活，那一年深入地接触了学术生活，比如写论文、做田野调查、上很专的课程。学下来之后，觉得那不适合我，一方面不是我想要的，另一方面也不是我能力匹配的。我们专业的人，或者我们学院的人，都会读一篇韦伯的演讲，叫作《以学术为业》，有的翻译成《科学作为天职》。

演讲分两部分，一部分是讲外在天职，一部分是讲内在天职。在外在天职中，他说，你做学术会面对很多的压力，你要

---

① 指政府部门有计划地从高校选拔应届毕业生到政府工作，并作为重点培养群体。

发论文，还要面对行政的要求、教学的要求，对人的要求是非常多元的，这是学术的现状。现在顶级高校的状态和形势，比韦伯在 20 世纪任职德国高校时要更加严峻。

如果我读了博士，乐观估计能按时毕业的话，也就是 2028 年，想在清华或者北大做经济学助理教授肯定很难。现在可能要求是美国前二十院校毕业的人，之后行情肯定一年比一年卷。你发表论文也会越来越难，大家现在用的模型都越来越复杂，课题研究越来越深入。我觉得自己的数学能力或者在经济学上面的一些表现都不够好，所以还是不要做研究了。

还有一个，学者面临的生计压力还是挺大的。听说现在有年轻的助理教授给 MBA（工商管理硕士）上课，讲到“机会成本”，用的例子就是自己——大家本科都是学经济学的，我做了学者，现在还只是助理教授，但我的同学可能已经成为各行各业的中层管理者了。

李翔：那篇演讲是老师推荐你们都要看的吗？

郭子介：差不多吧，它是我们 PPE 专业当年新生读书会读的。因为我们学校的社会学影响力还挺大的，很多不同专业的人都会去上几门社会学的课，里面都会讲到韦伯，所以大家多少都会读一点他的东西，要不就是读《新教伦理与资本主义精神》，要不就是读《以学术为业》。

李翔：你们同学里面会有很多人想要以学术为业吗？

郭子介：没有很多，做学术的人一直很少，做人文社科的大概有 10%，理科不太好说，会多一点。其实我们班级的概念很淡，我们班有五十个人，但每个人的方向都不一样，可能分布在十几个不同的专业里。

李翔：关系更密切的是同宿舍的同学？

郭子介：对，是这样。我比较幸运，和我的舍友关系比较好。我们宿舍有四个人，两个舍友都是保的本校研究生，其中一个以后可能会做程序员，另一个本科是学金融学的，保研去读金融硕士。但投行可能不是很适合他，因为他比较看重工作和生活的平衡，不想像金融行业那样比如加班到 12 点以后。我觉得这是挺难的一件事，做金融的话，难免会加班到很晚，所以他也在考虑毕业之后要去哪里。不过他还有两年可以思考。最后一个舍友选择延迟毕业了，明年再毕业，决定从就业转向保研。

李翔：基本上大家都是在大二、大三开始实习吗？他们也去实习了吗，还是可以选择不实习？

郭子介：我觉得这和自己的选择有关系。我后来是一个实习偏多的人，很多人都是通过交流工作认识的，所以我的朋友们也是实习的居多。但我学计算机的舍友，他们专业本身就是以自己论文的质量来决定最后的工作，所以他不实习。

另外两个舍友都实习，他们实习的节点应该也是在大二的下学期，刚好一个在投行，一个在咨询。所以我当时还挺焦虑的，在大三上学期的时候，除了一个有非常明确的未来的学计算机的同学之外，剩下的两位同学都实习了，只有我没有。所以当时就有一个很朴素的想法，想赶紧去找点什么做做。

李翔：实习更卷，还是绩点更卷？

郭子介：都卷，卷法不一样。在大三那个时间节点，你可能并没有想清楚你到底要走哪条路，所以其实是错误地试图把各种各样的可能性都保存下来。这个时候的卷还不是深耕垂直领域、看准人生道路的卷，而是全面开花的卷。你会发现保研的人实习经历也很丰富，实习经历丰富的人绩点也都不低。另外，一些专业类的硕士，也会要求你有那么一两段实习。比如说你要保金融硕，肯定还是要有实习经历的。

李翔：像你刚才讲的职业规划，比如说学金融的大一要到什么地方实习，比如去互联网公司要怎么实习，会有人帮你做规划吗？还是全靠自己去学习？

郭子介：我自己拿到互联网 offer 是纯靠自己摸索的。金融和咨询，是有社交网络的，认识学长学姐是一个主要渠道，也是一种传统。比如，大家经常找学长学姐内推，像咨询，第一份实习很多是这样的，这是其一。其二，也会有一些协会，比如说咨询协会，会专门针对要进咨询行业的同学，一起请前辈做交流分享，或者组队求职、互相模拟面试。

实习和面试

李翔：你的朋友都是怎么认识的？实习中认识的吗？因为你也提到，同学因为不一起上课，反而没有那么熟。

郭子介：差不多吧。但是靠实习认识朋友其实也存在问题，就是你不能保证你跟你实习的同事关系就很好，万一你遇到一个就想卷你的同事呢，对吧？（笑）这种情况非常正常，因为像暑期留用，可能是五进一这样的一个比例。比如说腾讯，当时在的部门听说就是20%左右的留用率。如果大家都想留用的话，你跟你同事的关系肯定就好不到哪里去。

因为我实习期间很少在学校，所以跟同学打交道比较少，我大三到大四上学期，只和我的舍友打交道。大四上学期我去美团实习，美团离北大太远了，在望京，所以我要回家住，那一个学期基本上和我的舍友都没有打交道。

李翔：像你刚才讲的这种，比如在腾讯实习，可能20%的留用率，这种竞争关系，这种卷，大家是日常就能感觉到吗，还是说只是潜意识的？

郭子介：怎么说呢？你会看到有些同事很勤奋，别人午休的时候他在工作，别人吃晚饭的时候他在工作，是这样一种状况。可能你的紧张感来源于，在这场赛跑里，你跑得有点慢了，你追不上别人，或者你跑得很辛苦。但我觉得它也不见得很强烈，我的这三段实习都没有追求留用，所以我和我的同事关系很好。

李翔：你不考虑去体制内，又是因为什么呢？

郭子介：我觉得体制内不太灵活，这是第一方面。第二方面是工作内容和待遇可能也不见得很理想。

李翔：你对体制内工作的印象是从哪里来的呢？

郭子介：学校里有很多这样的分享，也可以去跟别人交流，而且你的一些长辈也会给你建议，他们会结合你的状况来建议你要不要进体制。

李翔：去考公务员是一个主流选择吗？对你们学院的同学来说是吗？

郭子介：进体制在研究生阶段是主流选择，但通过考公进入的比例不是非常多。我们学院的同学也是这样。一般本科不会进体制，本科学历在体制内有些劣势。

李翔：你在互联网的三段实习经历，可能去美团相对是有目的性的，就是要去学习怎么做产品经理，其他的都是随机的、没有目的性的吗？

郭子介：百度那段可以把它理解成随机的，因为就是我投完简历之后，有人要我，我就去了。但我觉得它也有目的性，可能是就提升能力和背景而言。

其实，你实习一段时间之后，这份工作能给你带来的成长就很有限了，你就该换一份工作了。我觉得我三段实习切换，很大程度上是这样的原因。比如实习到 6 个月之后，发现再做下去是在重复我前面学到的东西，那我就走了。另外，你对你的简历还是有一定的需求，也不是说实习段数越多越好，但是至少每一段实习都要有一些能讲的东西，太短或者太长可能都不好。比如，如果待了 9 个月都在做很基础的工作，人家就会问，你怎么就学到这么一点东西？所以你要在一个适当的时候离开。

李翔：你第一段在百度做用户分析，学到的是什么？

郭子介：第一段待了 6 个月。我觉得这一段首先是大致了解了互联网的运作方式，知道里面的工作是怎样的。这是非常重要的收获。那段时间发现自己确实还是比较适合做这个工作。比如，我们当时做研究就是做用户访谈，写问卷，这都是我比较擅长的。互联网公司确实也氛围不错，我待的三个地方都是，同事年龄基本上都在二三十岁，相对比较快乐。

李翔：百度实习完了以后去腾讯实习的吗？是在北京实习？

郭子介：对。就在知春路，离我学校很近。那是一个比较新的业务，一个出海初期的业务。所以当时他们对需要什么样的实习生，具体该做什么，可能还不是非常清晰，去到那里之后的工作也并不是特别的固定。

我的 mentor（导师）有什么事情要做，忙不过来的话就会交给我；如果忙得过来，那我就没什么事。所以在腾讯那一段时间，我其实没有做太多的工作。我觉得还挺庆幸的，我在腾讯从 5 月做到 9 月，正好赶上了秋招那两个多月，没有太多的活，每天看公司的经验分享，每个企业都有类似于“大学”之类的部门，你可以看很多的东西，每天都在读。

李翔：秋招拿到了 offer 之后，去了美团实习？在美团哪个部门？

郭子介：对。在美团买菜做用户产品。其实去年的秋招，我也不算特别顺利。我找的是产品经理的岗位，它和我之前的两个实习岗位其实不是完全匹配的。我当时特别担心秋招能不能找到满意的工作，所以就想着再积累一下简历，万一要走春招呢。后来比较庆幸的是，秋招找到了中意的工作，今年春招就没有再去面试。去美团实习的决定，是在我收到百度 offer 之前做的。

李翔：你为什么想要找产品经理这个岗位呢？

郭子介：因为我觉得产品经理是一个天花板更高的工作。像用户研究、商业分析，其实都是偏中后台的岗位，它们的存在，一定程度上是为了支持产品经理的工作。产品经理处于分工当中更核心的位置，能给人的锻炼是更多的。准确来说也不光是天花板高，它的下限也高，整体的上下限都会高一点。

李翔：当时你对产品经理的认识，是通过看媒体文章得来的，还是在实习时接触到的？

郭子介：在工作里。产品经理是我们用户研究的甲方，给我们提需求，我们去辅助他的工作，所以那个时候就发现自己处于一个相对下游的位置。在第一段实习的时候，我就想尝试产品经理的工作，但是没有立刻找到，我在找暑期实习时的投递策略出了点问题。我没想到找一份产品经理的实习那么难，当时只投了字节、腾讯和美团。而且腾讯投的是商业分析，还不是产品经理。

我当时还没有经历过产品经理的那一套面试。产品经理和运营的那套面试是有特别多学问的，你要做很多的准备。我当时准备得不是很好。结果相当于我是没有暑期实习的，我在腾讯做的是一段日常实习，那个组可以理解为是没有留用机会的，暑期实习才有留用的机会。

所以逻辑是，最开始在百度的时候，发现产品是我们的上游，当时想说做一下产品看看，后来在面试产品实习的时候，遇到了挫折，发现问我的很多东西我都不懂。所以在腾讯实习的阶段，我就开始看比如说《腾讯产品 18 讲》《幕后产品》等去学习。确实学的时候也觉得产品经理挺有意思的，后来就决定做下去。

李翔：产品经理面试的套路能举一两个例子吗？

郭子介：面试都是非常程序化的。要有一个自我介绍，以及回答针对你经历的提问，还有一些专业的问题。

你要怎么去讲经历是一个很大的学问。比如说，你要很好地掌握 STAR 模型[①]，很好地掌握金字塔原理[②]。如果你在讲一段经历的时候，没有以金字塔的方式一步步讲，他们就会认为你这个人的沟通基本功不够，表达能力不行，或者你的思考不够深入之类的。但这些其实都是可以在面试前准备到的，按照他们希望的方式组织语言就好了。包括我后来去美团实习，同事跟我说，发现清北的同学有时候能力也没有很强，讲自己的经历讲得不好，其实就是没有按照那个套路来讲。如果训练一

① situation、task、action、result 的缩写，可以简单理解为，在何种情境下面对怎样的任务，采取了什么样的行动，得到了怎样的结果。

② 可以简单理解为，由论点、支撑论点的论据、支撑上一级论据的次级论据组成的叙事结构。

下，是可以很快训练好的。

还有一些其他的技巧，像是怎么引导你的面试官往你希望的方向去提问。比如你在简历里面写经历时，刻意不写全，你没写全的就是引导他提问的方向。再比如说有一些常见问题，你最喜欢的产品是什么，最不喜欢的产品是什么，给他提三个优化建议，你如果删三个功能的话会删什么，你看什么指标，为什么这么做，都有一套固定的分析方式。你把这些套路都掌握好之后，基本上面试就可以面得不错。

李翔：这些套路应该也是会在大家中间流传的，可以这么讲吗？

郭子介：套路分各种各样的套路，有些通用套路肯定会流传，但一些非常具体、小众的套路，可能就不太会流传。我自己觉得，套路流传其实不是一个好的事情。比如说群体面试，有一个很基础的套路，你可以在自我介绍的时候说，大家好，我是一个很谨慎的人或者我是一个很仔细的人，所以我可以当这个 timer[①]，先要一个群面里的角色。如果你能在群面里扮演一个特定的角色，发言的机会更多，可能会加一点分。但是我觉得随着套路的普及化，面试官也都知道有这样的套路，最后就不加分了。

① 指在群体面试里面专门负责分配和记录时间的人。

所以我其实不是特别愿意跟别人讲面试里用到的一些具体的方法。因为你讲出去之后，这些套路就会变成一个标配，你每讲一个新的方法，就多了一个新的步骤，结果只是把水位提得越来越高，但是对缓解大家的竞争没有什么帮助。

保研也是这样，你告诉别人有一些保研技巧，大家都用这个技巧，那这个技巧就不能再带来正向的价值。而且这些技巧本身也是手段和目的互相偏离的，技巧可能能帮你拿高分，但对你掌握知识没什么帮助。所以我觉得在手段和目的偏离的时候，不要老是炫耀你的手段。暂时走了捷径，不代表省下来的路就再也不用走了。

李翔：所以暑期实习也需要有群面，然后再有单面？

郭子介：分公司。基本上一个面试的流程是两轮专业面，一轮 HR（人力资源）面。暑期实习就是两轮专业面。如果第二轮面试官不是特别拿得准，会加一轮交叉面，找一个隔壁组的 leader 再看一眼。秋招或者春招期间，可能会加一轮群面，再加 HR 面。群面分公司，腾讯和百度特别喜欢群面。美团、字节基本不群面。群面一般是六个人，也有十个人的，分情况。

群面六个人，只有四个角色，所以肯定有两个人是没有特定角色的，一般会有一个 leader，他会组织这场面试要聊什么。类似于我们先做一个时间分配，有两个问题，我们前十五分钟聊这个，后十五分钟聊那个。或者是一个问题，你要把这个问题帮大家拆解出来框架，这是 leader 的角色。timer 的角色，就是把握时间，比如十五分钟到了，要开始下一个问题。或者说这位同学你聊太长时间，给其他同学一些机会好不好。还有 recorder，记录员，记录大家脑暴出来的一些话。讨论结束之后，会有 reporter（汇报员）汇报方案，比如我们怎么样提高我们的用户留存，给出一个方案。

如果在自我介绍时没人领取这些角色，那可能就是临时分配。比如 reporter，到汇报的时候大家面面相觑，就会有一个不太社恐的人出来说，我来汇报一下。以前群面是这样的，现在可能一开始大家都分好了。

李翔：你投产品经理实习的时候只投了三家公司，是因为经验不足，还是因为什么？

郭子介：过度自信了。当时觉得自己在百度实习做得还不错，但是实习做得不错和你能把它讲得不错，还是有一定差别的。那时候只投了三家公司，后来秋招的时候投了十家以上。基本上一线互联网公司都投了一遍，念得出来名字的都投了，外企也投了，Shopee[①]、亚马逊、谷歌这些。

---

① 成立于新加坡的一个跨境电商平台。

李翔：没有考虑过去外企实习吗?

郭子介：互联网外企实习的机会很少，微软会招一点儿，但我当时不知道，因为这是一个很偏的信息，Shopee、亚马逊、谷歌都不招。所以其实基本上就是不招。

李翔：这些信息不会有一个网站或者论坛，大家都能看到吗?

郭子介：外企的基本上都是自己搜，自己去它们的官网找。

李翔：你考虑过去非互联网公司吗?

郭子介：之前没有。其实对于本科生来说，大家对于职业的想象是非常有限的。其实不知道有哪些行业和职业。比如说大家根本不知道互联网工作是做什么的。我现在觉得快消[①]也是很好的行业，还有一些其他的行业，都很好，但当时都不了解。

李翔：家里人支持你去互联网公司吗?

郭子介：从小他们就不干预我的选择，所以也谈不上支持不支持。我妈有一点顾虑，但她是觉得学历越高越好，所以会

---

① 快速消费品。

说我本科毕业就工作不是好的选择。后来我给她讲了我要去做什么，她也就不再阻拦了。

李翔：怎么讲的？

郭子介：去互联网不需要念硕士，念硕士反而会影响你去互联网行业。比如说今年的行情已经如此之差，我再读两年书，拖到2024年再工作，可能连今年的工作都找不到了。而且我现在找的工作，可以理解为互联网行业里面非常不错的了，我过两年找也不一定能找到更好的。另外我告诉她，硕士可以过两年再念，比如说我工作了三年，发现我的能力不够，到时候再去读。我觉得主要是这个打动了她，她觉得我还是要读硕士的，只不过不是在本科之后立刻读，所以在她心里面，我可能工作两年之后会再去读书。（笑）

李翔：今年的行情很差，这是你们同学里面流传的共识吗？

郭子介：行业共识。裁员裁得那么多，大家有目共睹，今年确实招人招得少。而且大家也确实能感受到，比如说像阿里，有的面完四面，可能到offer审批阶段了，突然公司来了一个锁headcount（职员总数）政策，说没就没了。这样的信息今年听到了很多，从很多二度人脉[1]那里听到的。

李翔： 拿到百度 offer 之后，就离开了美团吗？

郭子介： 没有，我是 9 月份拿到的百度 offer，当时已经答应了去美团实习，所以就还是去了。去了之后，因为已经有 offer 了，也不需要留用，所以我就很愉快地在那里实习，类似于待到了一个我想学的东西都学得差不多了的状态，然后才走的。

李翔： 在这些大厂里面，实习生的工作，和正式员工的工作是差不多的吗？

郭子介： 越来越有这种趋势了。以前可能实习生做的简单一点，但是现在实习生和低级别员工的工作内容差不多，都在做一些很基础的工作。

① 指朋友的朋友。

从投递到录取

李翔：你投了十几家公司的简历，投完之后到录取这个过程是什么样的？

郭子介：投了之后先做笔试，笔试过了之后就是群面，两轮专业面试，HR 面。这个过程其实还挺痛苦的。他们有一个池子的概念，比如你的简历进了一个池子之后，第一个把你捞起来的部门，聊了两轮，发现你不合适，就把你扔回去了，这时候又有一个新的部门再把你捞起来再面。

所以从第一轮面试到拿到这个岗位的 offer，本来只需要面三轮，但我暑期实习和秋招在美团可能面了有十场，就是和不同的业务部门面。比如前面的部门第一轮觉得可以，第二轮总监来了之后又觉得你不行，就扔回去了。然后又一个部门把你捞起来，聊了之后，又扔回去。像涮火锅一样，七上八下。

在阿里的招聘界面，你甚至能看到把你简历捞出来再扔回去的过程。正常的比如像美团，你被发起了面试，才知道你被捞了起来。但是在阿里，只是被捞起来的这个动作你就能看到。在招聘官网上面会写出来，不会通知你，但是你能查到你现在在招聘流程的哪个阶段。你会看到有好几行，把你简历的所有经历都写一遍。比如第一行，你的简历在集团，过两天你发现简历又回到池子里了，然后简历又到了本地生活。我觉得这个流程阿里做得还挺好的，它能缓解求职者的焦虑，因为你特别想知道你现在在哪一步，想及时看到更新。因为那段时间你心里是没有底的，每天都战战兢兢的，想要看到每一个公司的进展，所以特别需要这种信息的更新。

李翔：最后入职百度拿到 offer，面了几回？

郭子介：面了五场。先是有一个部门捞起来简历，面完一面，另一个部门把我的简历要走，所以我就到那边走了专业的一二三面。一二三面之后，又给我加了一面。

李翔：这算是顺利的吗？

郭子介：顺利的。不顺利的话，比如说在美团，秋招的时候先是被上海的业务那边捞起来，面了两轮觉得合适，但是 base（工作所在地）不合适，所以又把我放回池子里。后来另外一个部门来面试，面了一轮之后觉得不合适，又放回池子里。后来又被一个部门捞起来，聊了有三轮。美团是一面二面 HR 面。HR 面完之后，可能他们觉得不合适，就没有下文了。在美团面了六轮，后来我就找到满意的工作了。

李翔：从你秋招开始投简历，到你最后拿到 offer，中间过程有多久？

郭子介：过程应该有四个月。我从 7 月中旬开始投递简历，百度的 offer 是 9 月 11 号拿到的，但他们后来申请了一个 AIDU 计划，因此加了一场面试，那个计划通过是在 11 月份。7 月份投递、笔试，面试都是在 8 月中旬开始，我大概在 8 月中旬到 9 月底这一个半月集中面试，四十五天面了三十三场，基本上是每个工作日都要面一场，最多一天连轴面三场。虽然场数很多，但是公司其实没有几家，每家公司面了很多轮。

李翔：这个速度算是快的吗？

郭子介：算是。我在百度是提前批录取的，秋招里面分提前批和正式批，所以百度的 offer 算是拿得比较快的。

李翔：像百度这样的公司，录取你，还推荐你去参加人才计划，他们看重的素质是什么？

郭子介：其实就是那些非常典型的人才模型，比如 ASK（能力、技能、知识）。他们对校招第一看重的是聪不聪明，这应该是最重要的。第二看重的是你的工作经历，因为大家聪明程度都差不太多，最后拉开差距的还是你的实习经历。所以是聪明和实习经历。实习经历可以理解成专业能力的一部分。HR

会看你的底层素质和稳定性，还可能会看你的 culture-fit[①]。HR 有刷人的权力，但是你把问题准备好，基本上不会刷掉你。

李翔：现在这些大公司还去学校做宣讲吗？

郭子介：做宣讲，你可以理解为类似打造雇主品牌的活动，主要并不是为了招到场的人。有些公司可能已经招好了人，也会去做宣讲。

李翔：大家也都知道这个事情吗？

郭子介：我不知道别人怎么想，但事实确实是这样的。你会发现，大多数找到好工作的人，都是比如说 8 月 15 号开始接受投递，8 月 15 号的上午 9 点就把简历投进去了。到宣讲的时候，招聘都已经开始三个月了，这个时间节点你再去投递，剩的岗位已经不多了。

① 文化融合程度，HR 轮的面试会重点测试应届生是否与企业文化匹配。

内卷是焦虑的传导

李翔：你们班五十多位同学，大家大部分的情况是什么样的？

郭子介：保研和出国是主流，可能60%以上的人都会选这两个方向。还有一些延毕的，我们院有很多人延毕，因为我们院是一个弹性学制的学院。剩下的人去工作，各有各的去向。

李翔：你有没有想过可以延期毕业，中间有一段时间干点其他的事情？

郭子介：我现在觉得延期毕业是一个可以做的选择，但之前没有这么考虑。我之前觉得你有能力按时毕业的话，那就应该这样去做，不要去浪费学校的资源——当然我没有说其他同学浪费资源的意思，只是我心里的确没有一件事情是需要我额外投入一年来完成的。

没有考虑延毕，就导致我大学四年的节奏非常紧凑。我大三那年实习的时候，一周实习三天——我还是很幸运的，可以一周实习三天，现在可能已经找不到了，都是一周四五天。

当时我在学校里面还剩20学分的课，你可以理解为这就是一个正常的大三学生全心学习状态下该上的课的量。如果去实习的话，你就要翘课去，其实还挺赶的，也错过了很多。比如说大家会觉得你在北大应该多学一点人文社科的东西，但我基本上的都是毕业要求以内的课程。

李翔：这个其实也是我很大的疑惑，大家好容易考上大学，像你考上这么好的学校，不应该多上课多读书吗？感觉大家都实习去了。

郭子介：就是焦虑的传导。您对“内卷”这个事情，之前看过多少相关的东西？

李翔：我大概知道，但只是感觉好像挺辛苦的，没有什么直观的感受。

郭子介：我可以讲几个直观的例子。一个例子是，清华学生会前几天做了一个调研，问你第一次听说保研这个词是在什么时候。趋势就是大家知道保研的时间点越来越早了。比如说可能我大一的时候，问我的学姐怎么保研，她跟我说，你这个事大三准备也来得及，这是 2019 年的事情，我那个学姐是 2014 级的。清华做的调研说，2022 年毕业，也就是 2018 年入学的人，高考前知道保研这个词的只占 23.8%，但 2021 年入学的，现在大一的学生，80% 的人高考前就知道了保研。我觉得这就是一个变卷的过程。最开始大家可能对大学生活的憧憬都是去读书，上自己喜欢的课，谈恋爱什么的。但是后来就会发现，现实的东西，在大一的时候就接触到了。比如说大三的一个学长会告诉你，后悔大一的时候没做这个没做那个，导致现在保研的时候遇到了种种问题。

这个是内卷的一个体现。另外一个体现是，你会发现找好工作变得越来越难了。2014 级，比我大四级的那一届，毕业之后要找一个好工作是很容易的。举一个不恰当的例子，当时的前 30% 压根不稀罕去 A 银行工作，但现在前 30% 的人会觉得 A 银行是一个很不错的去处，甚至还是要努努力才能去的地方。一些以前不难去的地方，现在都很难了。找到一个同样的工作，变得越来越难了，但你的绝对水平实际上还提升了。比如说 2018 级的前 30% 和 2014 级的前 30%，我会觉得 2018 级的前 30%，同期的学业表现、实习背景都会更好一点，但他们找的工作已经达不到学长学姐的水平。原因很多，一个可能很主要的是，头部企业受到了大环境的明显影响，比如像字节，现在已经不再那么扩大团队了。

所以我觉得大家需要调整一下自己的预期，比如说你找不到去年和你同水平的人能找到的工作，这是一个正常的事情。

李翔：怎么定义好工作？头部公司的 offer 就是好工作？

郭子介：肯定不是只有这些工作才是好工作，但我觉得可能不少人现在都是这样认为的。比如像我去了百度之后，有同学来问我，你之后的职业规划是怎样的？你是拿它当一个跳板吗？我说真的不是，这个工作我是非常满意的，我并不是打算在这里干一年然后再跳槽的。

李翔：你的同学们不认为百度是头部，是吗？

郭子介：对，大家多多少少不这么认为。包括我在其他公司实习时的同事，知道我去了百度，都劝我三思。但我觉得这是一个很糟糕的想法。每个公司都有核心业务和非核心业务，每个组也不一样，你不能用市值去评判一个校招生要做的岗位，工作和买股票还是不一样的。包括大家得知你去了互联网公司，会问你是去做战略还是做商分，我说我做产品，然后大家就有一点失望，但是要保持礼貌，不把这种失望表露出来。

李翔：为什么？他们对产品这个工作是有概念还是没有概念？

郭子介：可能没有概念，产品经理还没有进入大家的视野。如果我们用含清北率这个指标来衡量，也就是看这个岗位上有多少是清北的，会发现战略、商分含清北率会更高一点。它们其实离大家喜欢去的咨询行业更近。

李翔：所以大家还是喜欢去咨询公司和投行。

郭子介：对。但我觉得只是因为之前优秀的学长学姐都去了，大家不见得非常清楚它们到底好在哪里。

李翔：有一段时间，产品经理其实还挺火的，张小龙、张一鸣、马化腾、俞军，他们没有推动大家对产品经理的理解吗？

郭子介：没有，大家可能大多还停留在这个功能为什么这么难用，产品经理出来挨打的阶段。我对产品经理最开始有认知，还是在大二下学期的时候。那时候我参加了学校就业中心的活动，叫作“心手计划”，它会从怎么写简历、怎么面试去教你。教的是通用的方法，肯定没有帮你怎么准备互联网这个事，但是在那里边也会有人分享，说产品经理是一个工作内容和收入大概不错的职业。

李翔：你想过创业吗？或者你们同学里面有想过这个事情的吗？

郭子介：我还是非常认真地考虑过这个事情。也就是这两年的事情。我没有和同学交流过。创业的黄金时代看起来已经基本过去了，最近的投融资环境也不好，剩下的可以做的赛道也不多，至少现在不是一个很好的时间窗口。

很多创始人回来分享，我都会问一下，您怎么看最近创业的状况，以及要创业应该做什么样的准备。我看过很多创业者的传记，也认真看过研究创业的专著，看下来之后，发现自己确实有不少能力点应该补一补。而且未来投资者也更青睐你有系统的工作经验再创业，而不是大学毕业就创业。我对自己接下来两三年的职业发展规划，可能确实是以一个创始人需要的能力模型来安排的。以创始人为目标，去规划自己的职业，同时能够向下兼容我在产品经理岗位上做的事情。

996、反垄断和疫情

李翔：你们实习的时候，也需要工作很长时间吗，类似于996这样？

郭子介：这个看老板的偏好。老板如果是那种喜欢员工干得比较久的，那就下班晚。我在腾讯6、7点钟走，在百度基本上也是6、7点钟就走了。但我在美团有一段时间就是每天9点半下班，实习里面算晚的。我们隔壁组干得更晚，10点多才走。取决于组的氛围和领导风格。

李翔：你怎么看这种长时间工作的安排，会排斥吗，还是无所谓？

郭子介：首先，已经不是996，而是995，没有大小周，就是每周5天。比如我去百度时，大家都是早10晚9，每周5天。跟我做金融和咨询的朋友比，能晚上12点之前下班，我觉得已经是一个很好的事情了。我大三、大四实习的时候，因为还要上课，基本上每天都是实习回来补课、写作业，过187的生活，1点睡觉8点起床每周7天。所以我觉得995这个生活太舒适了。当然别人可能不这么想，脉脉上很多人抱怨互联网的 hours（工作时长），但相比金融和咨询，互联网属于还不错的行业了。可能很多人没有经历过或者听说过金融和咨询的工作时长，所以在社交媒体上，好像看起来有更多的人在吐槽互联网行业。

李翔：你投过拼多多吗？

郭子介：没有。

李翔：因为是上海公司吗，还是因为其他什么？

郭子介：因为那时候拼多多的声誉不是很好，我找工作的时候刚好发生年初新疆女生猝死的事情。

李翔：所以这个事情还是会影响大家的选择的。

郭子介：会影响。就像去年暑期阿里出了性侵女生的事件，暑期实习的时候我就没投阿里。其实可投的公司还挺多的，也不差一两家。

李翔：你们实习、找工作期间，刚好是互联网领域监管变严的阶段。

郭子介：是的，去年实习的时候，做了很多配合中央政策的业务，比如说数据合规。

李翔：这种变化会影响你的职业选择吗？你们会谈论这些事情吗？

郭子介：肯定会谈论很多，但我觉得不太会影响我的职业选择。包括裁员和中概股的下跌，行业都是有周期的，不可能一个行业一直很好。但互联网行业总的来说，增速还是跑赢经济基本盘很多的，其他可以进入的好行业暂时还没有观察到。互联网服务还是刚性需求，比如营销、电商、社交，并不会有一天说这个行业就没了。这是我自己的基本判断。有这样的基本判断在的话，我就会觉得，顶多是互联网更卷一点。比如说它再裁员，把后 20% 再裁掉，但你只要一直在前 50%，其实就还好。但确实对很多其他同学来说，影响还是很大的。比如说我最近在我们学校内部的一个匿名社交平台上搜互联网，大家就会说，裁员了还不快跑？

李翔：疫情对你们找工作有影响吗？

郭子介：影响很大。疫情是拖累这两年宏观经济表现的始作俑者。另外也会影响实习，比如说有一些学校严格控制学生出校门，那就没有办法实习了。在一个看重实习经历的行业里面，肯定就会有很大的影响。

李翔：看重实习经历的，也就是互联网行业？

郭子介：我觉得未来各个行业都会看重，大家的能力都差不多，那就挑一个经验丰富的。

李翔：疫情期间你们怎么上课？是网课吗？

郭子介：网课。2020 年的第一个学期全都是网课，后面回了学校，但回学校以后是闭环的，就待在学校里面上课。留学生都是上网课，还挺惨的。我有一个外国同学，他从 2020 年大二下学期到现在为止，都没有来过中国。所以他的大学八个学期，三个学期线下，五个学期线上，马上就要毕业了。

我这个学期在做经济学原理课的助教，班上也有一个线上上课的东南亚同学，大一，沉没成本还没有很高，期中告诉我，因为没有办法到中国来，他转学去欧洲了。疫情的影响就是大家进不来，我们也出不去。所以我们这一级的境外交换，基本上全都泡汤了。

李翔：你有申请海外项目吗？

郭子介：申请了，我上个学期本来要去东京大学的，我当时特别天真地以为东京因为要办奥运会，所以会管得更好一点。没有想到的是，他们要办奥运会，管得更差，一直有新增。日本没有让我们过去，改成了上网课。但后来去北欧的人全都去了。

而且疫情让我们保研变得更卷了，你可以理解为，原来是三分之一的人出国，三分之一的人保研，三分之一的人就业，现在计划出国的人开始回来卷这些保研的人。

李翔：线上上课会影响知识的交付效率吗？

郭子介：肯定会。首先，没有人看着你，不好好上课就很正常，开着腾讯会议，老师点你的名字，你假装卡了不说话，上课效率肯定很低。其次，在家里关着，你还容易抑郁。这是一个很认真的事情。疫情那个学期，2020年春季，大家都多少有些抑郁。因为你没有办法跟别人打交道，每天自己待着。大家可能多少和父母关系还不好，就更糟糕。

李翔：你们是通过腾讯会议上课吗？

郭子介：老师可以自己决定。当时有各种各样的方式，有学校自研的，有Zoom，有Microsoft Teams，有腾讯会议，有录播，还有的老师直接把课改成读书课，不讲了，大家每周读书，交读书报告。各显神通。

绩点和大学的影响

李翔：绩点具体指什么?

郭子介：就是你的平均成绩。每门课的成绩做一个加权平均，不同的学校有不同的绩点算法。像我们学校，你的卷面分数会折为0到4的GPA（平均绩点）。折算之后，你会发现低分对你影响很大，而不是说一个简单的平均。如果有一门低分，怎么加权，你都不可能把绩点拉上去。所以在北大，不能有任何一门课得极低的分数，你要照顾好你的所有课程，所以压力挺大的。照顾好每门课，每一分都有效，多努力一点，都会提一点绩点，所以就会导致大家很辛苦。

李翔：你的绩点是靠前的吗?

郭子介：算是吧，但也不是特别靠前，前20%多。

李翔：你的实习经历呢?

郭子介：在我们学校进互联网行业的本科生里应该还不错，研究生另说，研究生太厉害了。我觉得本科就业挺大的一个挑战，是你要和研究生一起去应聘一个岗位。你会发现他们的实习经历往往比你更丰富，因为他们有六七年的时间去实习。我实习时的所有同事都是研究生。

李翔：实习生是北京高校的为主，还是外地的也有很多？

郭子介：日常实习主要是北京的，寒暑假有一些其他地方的，比如上海、杭州过来的。

李翔：如果说实习经历对找工作来说很重要的话，那岂不是外地高校就很吃亏了呢？

郭子介：是的吧？外地高校的同学只能自己租房子住。互联网的暑期实习和留用实习，大多会给房补，但第一份日常实习都是自己出钱。所以有件事我前老板觉得很夸张，当时一个实习的同事，自己租房子，一个月四五千，算下来是她倒贴钱在实习。租房实习的人还挺多的。

李翔：像你们学院，本科生的典型路径是什么样子的？

郭子介：学院希望毕业生往多个方向发展，多元一点，而不希望大家都去风口。我觉得更多的同学是，读自己的专业，保自己专业的研，再按自己的专业去找工作，要不然做学术，要不然进体制，要不然就业。

李翔：我看到元培学院的介绍里面说，你们可以自由选择任意课程，大家也是这么做的吗？

郭子介：大家有这样的权利，但是可能不会这么选。上课只是自由探索自己的一种手段，而达成目的的手段其实有很多。像我有自由选课的权限，但我没有自由地去选很多我的培养方案和毕业要求以外的课。不少同学应该还是做了非常多向外的探索和实践，但我并没有。

比如大家会选一些很热门的课，北大有很多老师有很好的课程，真的教得很好，像阎步克①教授讲魏晋历史。但我没有听，因为我自己的精力不太允许，我大一大二大三腾不出时间做别的。其实挺遗憾的。我确实觉得本科阶段应该多做一点你未来做不了的事情。你非要四年就出去工作，肯定要牺牲很多别的东西，如果六年再工作的话，可能就会更从容一点。或者说开始的起点低一点，后面再慢慢努力，一步步跳槽去换。但之前没有看得这么开，每一步都走在拍点上。所幸多数的课程都是有视频或者书籍的，早一点晚一点，效率低一点，想学总归能学到。

李翔：选择了一条比较卷的路。

郭子介：也可以这么说。

李翔：有对你影响很深的老师吗？

郭子介：可能对我影响比较大的是中学老师，不是大学老师。大学和老师打交道不是特别多。就是听课考试写作业，也

① 北京大学历史学系教授。

不怎么跟老师交流。

李翔：深度的互动其实比较少。

郭子介：不太多。

李翔：如果没有老师的影响的话，大学四年对你的影响是什么？

郭子介：第一，你见过最好的东西是什么样的。你知道最好的研究是什么样的，最好的人是什么样的。比如，我看到了我的老师是怎么做研究的、怎么看一个问题的，等后面来到一个公司里，可能会觉得做研究时按大学里学的那套东西来，质量会更高一点。你能看到最好的人，知道别人都是怎么思考的，有什么好的习惯，就知道自己可以在哪里提高。另外，和他们交流也对自己提升很大。我可能对技术、对金融没有那么多了解，但我的舍友们是学这个的，就可以通过跟他们的交流得到很多知识。同时，对我的舍友来说，我也是我们院最了解互联网行业的人。

第二，有一个北大的金字招牌，的确对个人发展很有帮助。我在百度实习的组里，有一个同学院学姐也在那里实习过，她给老板留下了很好的印象。在那场面试里面，我老板一半的时间在夸那个学姐，我觉得是因为她好，所以才录了我。暑期实习的时候我投了三家都不太顺，后来发现也是一个在北大读过七年书的学长把我捞起来了，才去到腾讯实习。我很长时间里都觉得自己特别没有本事，要靠学长学姐带挈。这是北大带来的第二点，确实在个人成长里面提供了一些帮助。

第三，各个学科的思维训练还是很重要的。比如，我会把很多思考都落到经济学的框架里面。PPE 的培养教给你一套如何看待世界的方式，也给了你一张知识地图。比如说在元培，或者在 PPE，遇到什么样的问题，我知道我该看哪个思想家的哪本书，我知道我在哪个方面有问题应该找谁。我的同学里各个专业都有，这也是北大给我的。

知识方面，留下来的东西倒没有特别多。比如我上了几十门课，到现在还记得很清楚的，就那么几门。

李翔：哪几门？

郭子介：中级微观经济学、应用计量经济学，这两门都是经济学非常重要的课。还有哲学的两门课，理想国，还有宗教学导论。后面这两门很巧，都是吴飞[①]教授讲的。

李翔：你说的最好的研究、最好的人，指的就是你有最好的老师和同学？

郭子介：尤其是看到了老师们是怎么学习、怎么工作的之后，真的是高山仰止，景行行止。

李翔：怎么知道老师是怎么工作的？他们会分享吗？

---

① 北京大学哲学系教授。

郭子介：你会从各种各样的渠道知道一些事情，比如老师也会分享自己的日常是怎么安排的。像吴飞老师，一天要不然读一百页书，要不然就写多少字，他会有这样的自我要求。另外，和老师们打交道的时候也能感受到。比如我写一个本科生科研论文时，老师晚上 10 点、11 点还回我的邮件，回得特别快，交流的时候也特别认真。看到他们是怎么对待生活和工作的，你就也想成为这样的人。

李翔：你们在宿舍，舍友之间会讨论什么问题？

郭子介：主要讨论最近身边发生的事情，也讨论新闻。我们自己学业上遇到的困难，偶尔会讨论，但不太多，因为我们每个人的专业领域是不一样的。

李翔：舍友当时是随机分在一起的吗？

郭子介：随机分的。辅导员分的时候会尽量让你们来自不同的地区，同一个宿舍不会是一个生源地的。

李翔：你们会讨论那种很大的问题吗？比如中美贸易、全球化、反垄断。

郭子介：不会讨论这么大的，但会讨论切身的问题，比如说经济环境，主要是我会说。可能会聊校园里面发生的一些事，或者最近朋友圈里有哪些热转的文章。

李翔：你是从什么时候开始跟大家讨论经济情况的？

郭子介：也就这两年，因为大家开始给内卷找原因。我们觉得最主要的原因其实还是经济环境问题。但我觉得抛开这个原因，大家也会越来越卷，因为你非要选择那种向上的生活，那你肯定就会很辛苦。

李翔：你所谓的向上，就是把绩点搞得好一点，多实习？

郭子介：就是好好学习，天天向上。在给内卷归因的时候，你会发现，如果你把它解释为经济环境给就业带来的压力，那这个事情应该只发生在高年级的学生身上，但是大家大一的时候就挺卷的。其实，大家这么多年都是通过优绩主义、高分数来赢得各种各样的荣誉、资源，这是大家习惯的方式，也在延续这样的方式。

李翔：难道你们同年级的就没有人选择消极抵抗的方式吗？

郭子介：一般是受挫之后才会转而消极抵抗。比如说你之前一直都是状元，来了元培之后，大家还是要分前50%、后50%，你就算之前学习再好，也还是可能会遇到种种挫折。挫折一般有两种，一种是突发的重大挫折，比如说有一门课考崩了，对你的绩点影响很大。像最好的金融硕士项目，绩点3.8以上才有资格保研。绩点3.8意味着什么？每门课都90分以上。只要考了一门80，想保金融硕士就很难了。考了一次70，可能就要错失所有那些好项目。另一种挫折是，有的人可能绩点保持得很好，但是他在这个过程当中特别疲劳，积劳也会成疾。我觉得大家消极抵抗都是在这样的一个状况下。

李翔：你有过这种情况吗？

郭子介：我比较幸运，没有经历过特别大的打击。我觉得如果经历的话，我不一定会表现得更好。

李翔：之前讲实习投简历不顺利，也并没有让你觉得受挫吗？

郭子介：让我受挫，但并不是不能承受的挫折。我到后面就已经想得很清楚了，本科毕业决定工作就是很困难的事情，就像你穿过一片布满荆棘的丛林，你知道你会受伤，这是你预期以内的。你会疼痛，但你也知道该如何处理这些伤口，知道过了一定时间伤口就会痊愈，所以后面就也还好。我一直受挫，但没有哪个挫折是超出我预期的。我大三下学期每周都去我们学校的心理咨询室和咨询师聊天，就是没找到暑期实习的时候，非常担心自己的未来。

李翔：是吗？

郭子介：对，我觉得那个时候就是非常有意识的。我知道自己压力很大，从这个状态走出来的最好的方式是，给自己少一点事情。但是我那时候出不来。我要毕业，我要找工作，所以我根本没有办法出来。所以就一直在跟心理咨询师聊天，问他怎么才能在这样一个压力大的状态下，“既要……又要……”。

到现在我都非常注意自己的情绪管理。像大家会每周称体重监测自己的生理状况一样，我隔三岔五就做抑郁量表、焦虑量表、压力量表，非常认真地监测自己的心理状况。

李翔：这是从什么时候开始的，就是大三吗？

郭子介：对，大三下学期开始的，那时候接触了更多的心理学的东西，也知道怎么更好地管理自己的情绪。包括这个学期我还在参加一些心理咨询中心的活动，虽然这个学期并没有很大压力，但我还是去了，可能以后会用上。它是一个用音乐照顾自己的新的方式，还是挺有用的。

李翔：你的压力这么大？

郭子介：应该没有达到抑郁的程度，但我知道自己的状态很不好。

李翔：医生会给你什么建议吗？

郭子介：心理咨询师最开始的建议是，让我少给自己找点事。但是这不可能。后面她就教我怎么应对压力。积压的事越多，你就越不想干，积压的事情就更多，陷进一个恶性循环。她就告诉我，这个时候你别要求自己把所有的事都做完。比如说你该看三十页书，就告诉自己，先把那个书翻开，就看三段，看着看着就看下去了。给自己一些积极的心理上的暗示，学了一些这样的方法。

互联网和消费习惯

李翔：你平时通过什么渠道看各种新闻，接受各种信息？朋友圈吗？

郭子介：主要是朋友圈。因为太忙了，没有太多的时间看新闻，就看朋友转发了什么，还有微博里面大家在讨论什么。基本上就是这种渠道。以前看财新，现在订阅了，但是也没有看。

李翔：你用得比较多的 App（应用程序）是什么？

郭子介：主要是微信、微博、QQ 音乐、百度地图，小宇宙最近才用。以及领英现在还挺重要的，也会用。

李翔：你用领英做什么？

郭子介：我用领英比较密集的阶段是在秋招的时候，了解一些具体部门的状况。以及当时有了 offer 之后，在选 offer 的阶段，肯定也要收集很多的信息。比如，当时有一个互联网外企的 offer，我还挺想去的，但不是很了解，就在领英上把那家公司相同岗位的人都加了一遍，发消息请教。但后来没去，那个岗位综合考虑不是很好。

李翔：你会给自己找所谓的榜样，也就是 role model 吗？

郭子介：会找。我觉得 role model 就是你应该成为的人。更多的是在工作里。生活里暂时还没有找到这样的人。

李翔：你的工作里指的是实习过程中？

郭子介：对，实习过程中，你要向谁学习。基本上是你向上两级或者向上三级的领导。

李翔：你有什么喜欢的艺人、企业家、创业者或者作家吗？

郭子介：企业家，前一阵我还挺喜欢赵鹏[①]的。

李翔：因为他也是北大的吗？（笑）

郭子介：不是因为他是北大的，我看了赵鹏的那本“详谈”，（笑）分享得非常好。艺人的话，秦昊和梁朝伟。

李翔：这么老派？

郭子介：我周围的人其实都喜欢这么老派的，喜欢年轻偶像的比较少。包括大家听音乐，也都是听陈奕迅、周杰伦，不

---

① BOSS 直聘创始人，也曾是“详谈”的一位受访者。

听新的音乐。我们学校很少有人用抖音、快手。像我用 B 站都很晚，大二下学期才用。作家的话，就是村上春树和石黑一雄，基本上都是一本接一本地读，在期末考试压力特别大，逃避的时候会看。石黑一雄是在得奖之前我就看了。

李翔：品位很古典。

郭子介：差不多大家都是这样子的。比如说听音乐，像我舍友，不光是听歌手，还听词人，相比于林夕，他更喜欢黄伟文和陈咏谦[①]。

李翔：你在学校的时候听讲座多吗？

郭子介：没有太多时间，而且也不见得能遇到感兴趣的。

李翔：学术明星的讲座你也不听吗？吴飞应该算是学术明星。

郭子介：低年级的时候常去，高年级新鲜劲就过去了。而且老师们通常也不会为了一个讲座准备一个全新的东西，讲的那些东西，你读他们的书、上他们的课都能看到，包括现在都有录播了。听讲座感觉不是一个很火的事情，周围没看见谁特别热衷。

李翔：在宿舍，大家会看综艺、追剧吗？

---

① 林夕、黄伟文和陈咏谦都是著名的填词人。

郭子介：综艺的话，有一个舍友会看，剩下两个舍友和我都不看。大家可能会看一些剧，《半泽直树》或者其他一些日剧，或者一些口碑比较好的美剧。我最近看的都是英剧，前一段时间看《切尔诺贝利》《疼痛难免》。现在大家看剧的品位也不一样，我舍友正在看《雍正王朝》，之前在看《我爱我家》《老友记》这些。

李翔：你们会讨论疫情吗？

郭子介：会。可能最近聊一聊上海。之前聊疫情就是比如离北大很近的地方有了一个阳性，我们可能出不去了。

李翔：在我的朋友圈里，大家会讨论动态清零还是与病毒共存这样的事，会发生很多的争吵，你的同学会吗？

郭子介：大家会关注，但是不会争吵。一方面是因为大家可能没有做非常深入、足以形成有效讨论那种程度的了解；另一方面是因为大家在朋友圈这种社交媒体上的表达通常比较含蓄，可能就是转载一篇具体的文章，不加自己的评论。个别同学会在一些议题上长篇大论，但都不会放在面上吵。同意就点个赞，不同意也不至于争吵，评论不太常见。

李翔：之前我在网上看到一个观点，北大、清华的学生不是应该考虑更大的问题吗，除了学习和实习之外？

郭子介：我觉得这就是一个特别站着说话不腰疼的事情。

你把说这话的人放到现在的清华和北大，他自己会考虑什么事情？如果用经济学的话语来说，微观个体的决策取决于人所面临的资源约束和他自己的偏好。我觉得在批评最后的决策之前，要看到做出这种决策的现实背景。现在大家面临的资源约束是完全不同于过去的。

大家正处于一个压力非常大的状况下，比如说我的很多朋友，可能未来都不会留在北京，因为觉得北京生活压力太大，户口、房子。

李翔：你们讨论过？

郭子介：讨论过。十年前北大毕业，留在北京是相对容易的，现在留北京多难呀！现在大家可能一线城市都不想留，都考虑新一线城市了，杭州、成都这些。

李翔：你看过B站的宣传片《后浪》吗？

郭子介：看过，但印象不深。

李翔：你当时有什么感受吗？

郭子介：记不清了。但那里面的生活，跟我们的生活确实差得太远了。他们看到了我们的幸运，但是没有看到我们的不幸运。

我有一个很喜欢的经济学学者，叫作哈吉·柴提[①]。他有一篇发在《科学》（*Science*）上的论文非常有名，叫《褪色的

---

① Raj Chetty，出生于1979年，印度裔美国经济学家，哈佛大学公共经济学教授。

美国梦》，Fading American Dream。这篇论文把美国梦定义为社会的向上流动，子女的经济收入超越父母。这个比例在美国现在越来越低了。当然可以说，Z 世代的人出生在一个物质条件更优渥的时代，但存量和增速是矛盾的。人均存量高，面对的增速就低，机会就少。同样的故事可能也发生在中国。《后浪》里描述了前人如何羡慕我们的条件，但我们其实也很羡慕前浪。这不是围墙外的人想进去，围墙里的人想出来，历史上的黄金时代就是昙花一现的，不是每个人都能遇到造英雄的时势。

我不是说大家的生活不在一个层次，而是你在这个时候谈梦想……梦想是一个很高的追求。在有很急迫的现实问题的时候谈梦想，我觉得是一个有点过的事情。

李翔：这种现实的问题是什么呢？是工作？

郭子介：找不到好工作，保不了研，这就是大家面临的最现实的问题。但是如果再进一步问，保不了研能怎么样？找不到好工作又怎么样？大家可能并没有想过。我觉得问这种问题的，都是状态已经很好的人。你已经在一个很好的状态里面了，就可以说不保研也挺好的，找一个差一点的工作也挺好的。

李翔：就还是站着说话不腰疼的感觉。

郭子介：比如有些同学会反感老师说，保不上研你可以去考。考研也很难啊。当然我觉得老师说的是很有道理的。当你在保研这件事上倾注了过多精力的时候，你就应该想想看，是不是有其他更合适的路线。

李翔：所以你不认为你是一个特别典型的00后，是吗？

郭子介：我觉得没有谁很典型，大家都不太一样。我其实也思考了这个问题，找我聊00后是不是合适，但我想了想，好像也没有谁特别合适。00后的异质性挺大的，其他00后有很多我不理解的行为，但他们也不见得理解我这个00后。

李翔：现在很多公司和品牌在做传播的时候，其实是非常想要讨好00后或者年轻人的，包括《后浪》应该也是在讨好年轻人。

郭子介：营销不就是这么做的吗？你的目标用户是这些人，你就做他们需要的内容。但我觉得《后浪》好像不是给我们看的。很多内容我觉得都不是给我们看的。它的逻辑就很奇怪，它是从自己的角度来考虑年轻人，它希望年轻人怎么样，把年轻人引导向一个方向，而不是从年轻人需要什么出发，产生一个和年轻人的利益兼容的战略。

陈彦达 · 四川农业大学

自我介绍：

陈彦达，中共党员，毕业于四川农业大学经济学院国际经济与贸易专业，抖音生活喜剧类短视频创作者，抖音粉丝 400 万 +，曾获 2020 抖音年度创作者 100 强、2020 四川农业大学年度人物等荣誉，曾在浙江卫视《为歌而赞》节目中担任金牌选推官、明星陪看官。

（自我介绍由受访者本人撰写）

陈彦达是四川农业大学经济学院的一名本科生。他从辽宁省丹东市考到这所大学。当初选择这个专业的原因，有着东北人独特的幽默感：这个专业看上去不需要花很多时间在功课上，因此他可以有时间做点其他事情。

他在大二的时候开始用抖音。当时他正困惑于不知道该如何找到自己的价值。

他发现，自己认识的一些同学，哪怕只是简单地发一些照片到这个短视频平台上，也能获得很多陌生网友的点赞。这让他获得启发，认为自己也可以去发视频。

陈彦达很快就迷上了在抖音上创作短视频。他发讨产品的开箱视频、美食视频、讲述自己家庭生活和学校宿舍生活的视频，以及对电视剧进行翻拍的搞笑类视频。今天他在抖音上拥有 425 万关注者，对于一名 22 岁的年轻人而言，这是一个可以让人羡慕的成就。

不过，即使在外人看来陈彦达已经是一名“网红”，在临近毕业时，他却仍然陷入迷惘。他认真考虑过要不要考研究生，也觉得自己应该去找一份工作。但是，目前来看，他应该还是会继续拍短视频。毕竟，这已经成为一份工作，也能带给他收入。有着 425 万关注者的抖音账号“Leon 陈”，可以成为陈彦达暂时免于就业竞争的一张船票。

考研和网红

李翔：我之前看到你在《非你莫属》[①] 节目里面，跟父亲讨论考研究生的事情，这是真实的问题，还是节目组的要求？

陈彦达：那个节目没有什么剧本，就是去了之后现问的，我也没有想到会问这个问题。当时其实没太想好，包括现在也没有完全想好。因为我现在感觉只能做好眼前的事，以后的事就再说。

李翔：眼前的事是什么？

陈彦达：比如前几天有两个商务合作一直在忙，我只能先把那两个事解决。因为我没有团队，自己要想的事还挺多的，以后的事没太有心思和工夫想。考研，我现在初步的想法是，可能三年之内有机会还是会考。

---

① 天津卫视推出的求职类电视节目。

李翔：你不是马上就毕业了吗？

陈彦达：对，今年（2022年）肯定先不考了。考研最好的时间是去年，我寝室两个室友都上岸了，去年考的。但我去年没考，今年也不考，先在目前的行业里试一试。我给自己一个期限，无论是出国读研还是考研，三年之内有想法的话，还是做一下。三年之后，我觉得再想考也不太可能了。还是有这个想法的，我没有特别讨厌考研。

李翔：你参加那个节目是出于什么目的？

陈彦达：是我爸让我去的。我当时那个阶段挺迷茫的，有一部分原因是希望找到一个薪资比较合适的、能发挥我特长的工作。但在去之前，我稍微有一点后悔。因为朋友跟我说，如果以后想继续走现在这条路的话，你不应该去上节目，那样会有一个跟你的前景相悖的经历。

李翔：就是人不够专注了？

陈彦达：对，如果我想继续走网红向，以后往艺人向，就不能有这样的经历。你去找工作什么的，这是素人向的。朋友是这么跟我说的，但我最后还是去了，效果也还行。

李翔：朋友讲得挺有道理的。你爸是怎么说服你上这个节目的？

陈彦达：我爸前几年一直看这个节目。刚好 2021 年秋天那段时间，我在家待了几个月，挺迷茫的。面临毕业嘛，就想了一下以后该怎么办，是找工作还是怎么样。所以他说我就同意了，想多方面都尝试一下，看看都是什么样。当时也尝试过跟挺多公司聊，有工作的机会我也聊。

职业规划

李翔：我们从外部角度看，有像你这种经历的同学，应该铁定会走自己做工作室这条路，但你自己反而比较犹豫和焦虑，这是为什么？

陈彦达：两个原因吧。一个原因是，一个工作做久了会有点累。虽然它给你的收入、给你的名声，会让你觉得还是挺幸福、挺满足的，但是你会疲倦。网络自媒体又是一个压力很大的行业，做的过程中你的心态会越来越不好。第二个原因是，我觉得在网红这一块，像我现在做的这种，拍点生活的、搞笑的内容，虽然能给我带来一个很好的收入，但对我来说精进的空间不大了。我还年轻，是不是找点空间大一些的领域，可能是这种想法。

李翔：你说跟一些公司聊过，他们会给你一些什么建议吗？是 MCN（网络经纪公司）吗？

陈彦达：对，就是一些传媒公司，视频方面的，也有做影视的公司。聊来聊去，他们都急于让我签约进去，但是具体什么样的前景我看不太到。因为话可以随便说，包括有些小的影视公司，承诺这个、承诺那个，但是我该不该选择相信他们呢？还是没有遇到太好的机会吧。

李翔：什么样的机会是好的机会？

陈彦达：真正站在认可我、帮助我、想发展我这个人的角度，而不是先把我这个账号收入囊中。

李翔：要给出什么样的条件或者承诺，你会认为是站在你的角度真正想发展你的，你可能会动心？

陈彦达：起码要给我一个规划吧。

李翔：就是职业规划？

陈彦达：对。比如我加入之后，他们可以有什么样的机会给到我。比如可以先考核我各方面的能力，短视频创作这是我自己的东西，其他艺术方面的天赋是不是该考核一下，看看我适不适合在这个方向走，提出一个具体的计划。我自己当然了解我自己，但你这么切入，会让我觉得踏实一些。可现在大部分和我聊的，都是只会说一些条件，都不知道我适合做什么，擅长做什么，就想签我。我还是不太愿意相信这种方式。

李翔：有特别具体的例子吗？

陈彦达：有啊。也是秋天的时候，我和一个很有名的传媒公司聊了蛮久，他们愿意给我很高的保底年收入，都聊到了我去上海到哪里租房子住这些，但最后我还是觉得他们没有一个我基于现在的状况，到底要往什么方向发展的方案，就没有谈成。

后来回学校，一个成都的新的影视公司要签我做演员。我当时也是挺迷茫的，短视频做得有点疲倦了，想换个方向，有这个想法。我们聊了几次，老板到我们学校这边找了我几次，也找了经纪人来跟我聊。他们有一个经纪人还挺牛的，带的艺人是搞音乐剧的，在音乐剧圈挺有名。就是各种方法跟我聊，但我发现他们根本不看我适不适合做演员，合同就给我了，可能就是想先把我签过去。

我们见了很多次面，最后一次我就问了他一个问题，我说你觉得我适不适合做演员。他最后也没有正面回答我这个问题，我觉得他并不是想发展我。

李翔：你自己有自己的规划吗？想做演员吗？

陈彦达：是有想法的，从小就想。我之前在学校也做主持人、广播员啥的。但只是一个想法，演员这个职业挺不确定的，我有挺多当演员的朋友，他们也不能单独靠这个当饭吃。就是有这么一个梦想。

之前做抖音是一直在冲，希望粉丝越来越多，现在想的是用我现在的能量，尽量往相关领域、行业，或其他的类型转一转。包括下一个阶段，我可能会主动找一些公司聊，看能不能在我现有的基础上继续发挥。

李翔：在职业规划这件事情上，会有什么人给你建议吗？父母会给你建议吗？你们应该聊得挺多吧？

陈彦达：父母不会给我什么真正有用的建议。我这个人自己的想法比较重，别人给我的建议我总觉得不对，不愿意听。我妈支持我，不会给我什么压力。我爸就希望我考研。他为什么让我考研？因为他自己不是研究生，他身边朋友的孩子都考研了，他就让我考。这种建议我不会考虑的。（笑）其他人像一些前辈啊，也会给我一些建议，有的让我去搞商业、开公司啥的，我知道他们说的是对的，大部分也是为我好，但我拿不准的事还是不太愿意去做，还是迷茫，可能这个阶段就这样吧。

李翔：喜欢文艺和表演的话，考大学的时候没想过要考这方面的专业吗？

陈彦达：没有。我高中时还是挺蒙的状态，可能高二才知道有艺考这件事。当时我嘴上是说过想去，但其实就算我妈跟我说支持我艺考，可能我自己也下不了那个决心。我不会想到以后真的有机会靠这个吃到饭，从来没想到过。大城市，像北京的学校，高中艺考生应该挺多的。但我们学校就跟衡水的高中一个样，整个都是让大家往卷面高分去冲，当时我不太了解艺考真正的意义。

李翔：当时应该是对自己未来要做什么没有想象，可以这么讲吗？

陈彦达：一点都没有，我高中的时候特别迷茫，成绩下降得也特别多，最后高考报志愿的时候，我自己一点都没管，都是我妈给我报的。出成绩了之后，我妈问我，你觉得能被哪个学校录取？她觉得我丝毫都不知道，但是她给我报的那些学校我还是看了。我说四川农业大学吧。我妈就说，你还知道啊？她研究了半年，以为我应该一点都不知道。当时是这种状态。

李翔：当时怎么想到四川农业大学的？你们学校有人考这个大学吗？

陈彦达：有，加我三个人。因为这个学校是211大学，我妈想的就是这个吧。我妈也跟我说过，她希望我去远一点的城市，跟东北这边完全不一样的文化，对我是有帮助的。我学的是国贸，她调查过，看我高中那个样子，不太愿意学习，她觉得学经济方面，不需要长期学，考试前学学就可以。

李翔：你大学不需要用很多时间学习？

陈彦达：我做短视频，我妈就说，你看我给你选这个专业好，不占用你时间。经常这么说。

我们专业不做实验。农业大学有很多农业或者自然方面的专业，学那些的话，总要做实验，经常做到晚上 10 点。我们没有。上课讲的大多都是书本上的东西，考试前你学了也得背，不学也得背，是这样。仅对于我而言哈。

李翔：在节目上，你说你大一的时候对自己的规划就是要考研究生？

陈彦达：对，大一的时候，我爸我妈说，如果我想出国，他们就支持我出国。我也加了挺多出国的群。但我当时可能潜意识的想法就是考研，因为大家来学校都是要考研的，当时的感觉是这样，身边也是这样。

李翔：是吗？你们同学都是这样的想法吗？你们会交流这些问题吗？

陈彦达：对，我说的是大一的时候，大家可能不聊这个问题，但是潜意识里都觉得以后要考研。不过当时肯定是逃避，因为刚大一，不愿意天天努力什么的。

李翔：为什么呢？我们读大学的时候从来没有想过考研这个事情。

陈彦达：感觉时代不一样了，确实读研的多。再加上我们学校，其实很多人把它当作跳板，因为它是一个性价比很高的211。（笑）我觉得我身边很大一部分人都是，谈起高中都觉得高考没考好，没发挥出最好的水平，那以后要考更好的985之类的。

为什么开始拍短视频

李翔：大二时你开始拍短视频，是出于什么样的原因？开始应该就是刷抖音吧？

陈彦达：对。但我那段时间的状态跟现在不一样。我大一、大二做了特别多的学生工作。

李翔：学生工作？

陈彦达：我来到大学之后发现，可能跟我高中做主持人这些经历有关系，我去面试学生部门特别容易通过。我面试的部门，全都把我留下了。当时肯定开心，因为身边人都想去，我觉得我好像还挺有优势。后来发现把自己给累着了。我记得刚上大一，10 月的时候，四川人还穿单衣我就穿棉袄了，就是一直病着。天天工作，吃饭都是开会时吃、上课时吃。真的。就是整天各种开会，加入的部门多，做策划什么的，每天都在忙。后来大二主持多了，什么活儿都找我。全校的活动，比如当时建国 70 周年的大型活动是我主持；小型的可能哪个协会搞什么比赛，通过朋友也来找我。我当时没有什么功利的想法，就觉得人家找我，给我面子，我就去，好好弄，天天就搞这些。

搞了两年之后，我觉得身心俱疲，回头看看，好像什么都没得到。因为当时身边的同学，都在考什么证书，什么ACCA[①]、会计师那些，学这个，学那个，他们已经开始有自己的规划了，但我就是在搞学生工作。而且因为我搞得太多了，没有哪一个部门是真正全身心进去的，比如一直在学生会的，以后可能想当学生会主席，但我没有。这边忙一阵，那边忙一阵，感觉没有规划好，有点乱。

李翔：你同时在多少个部门？

陈彦达：大一来的时候是进的校主持团。在班级里当团支书，团支书的事情特多特杂，而且我是以最高的标准去干。任何通知文件我都是理解透了再去传达给同学。后来面试进了学校的一个职业发展中心，干活的部门。学院的还加入了院级的主持团。后来因为个儿高，还被田径队、跳高队搞过去。主要还是主持团，一个活接一个活。

大二之后那个暑假我就没回家，那时候真挺迷茫的，就感觉哪一方面都不太自信，想搞点自己的事，想看看社会上有没有什么机会。可能我是一个从小到大需要一点优越感的人，高

① 国际注册会计师。

中的时候虽然学习颓废了，但是可能有别的机会让人喜欢我，我就挺高兴。我需要给自己创造一点“优越感”。当时就觉得下面的阶段要搞点自己的事，哪怕是出去上个班什么的。我就天天到处找，但是人家都不太招大二实习的，找了一周，发现连星巴克打工人家都不愿意要你，因为就只是一个假期，开学之后你时间也不确定。我当时想完善一下自己，就把驾照先考下来。

后来开学，我就开始做抖音了。做抖音不是因为什么功利的想法，跟我那段时间的心态有关系。就是因为有这种心态，所以我才豁出一切要把抖音做好，不管丢不丢人，当时有这股劲。现在可能没有这股劲了。（笑）

李翔：你开始拍短视频的时候，已经是抖音的用户了吗？

陈彦达：是啊，我总刷，总跟朋友互相转一些视频。我是东北人，看东北喜剧长大的。当时看抖音，觉得里面有些东西不太有意思，设计得不是很好，但也会火，就觉得这个门槛不高。再加上身边有些同学也发了一些东西，比如有女生爱发照片，有一条就会几千个赞，这个女生我还认识，就是身边的普通人。我就感觉这个东西是不是不一样，是不是能给你机会，我真是这么想的，然后就去做了。当时没有想挣钱这个层面，就是想在这方面发挥一下自己，没想着会成为工作意义上的事。因为我确实对能不能红、如何做抖音丝毫不了解。

李翔：你开始拍短视频的时候，有可以去模仿或者学习的对象吗？当时抖音有大网红吗？

陈彦达：有。我是 2019 年年末开始做的，当时有很多火的，但是我没有模仿的思维。这个东西，一定是做了之后你才知道。就像现在有人问我怎么做，我可能会告诉他，你找一个对标账号的模式去拍。这是因为我懂了。我当时没有这个想法，也没有人教我，我就按照我自己的想法拍一些东西。

李翔：大二时你身边的同学都在做什么？会找工作或者实习什么的吗？

陈彦达：大二的时候没有，大家还是挺开心的状态。

我这个人太实了，想问题可能比较悲观，虚的东西我不信。主持团是能保研的，很早团长就跟我说，你要想保研，有活动就多上一上。但这是虚的东西，能不能保，也不是谁能说定的。确实是这样，我们毕业这一年艺术保研取消了，上一年还有，正好这一年取消。艺术保研要求综测成绩前 50%，我是前 48%，如果有的话，我还是愿意试一试的，但是没有。

李翔：你父母会怎么看你的选择？

陈彦达：我爸说过，虽然他知道我抖音做得好，但是他出去，他的朋友不会跟他说你孩子是做视频的、是抖音创作者；

他的朋友会说，你孩子是不是拍段子的？我爸不愿意听。我爸说，拍段子的听着就跟唱二人转的一样。他说过这个话。但这个行业确实是这样，什么样的都有。

李翔：那你们东北人怎么看待赵本山？

陈彦达：我很喜欢他。我觉得你得先了解他，才能去评价他。我看他的东西，他拍的电视剧，我大学都反复看过，《刘老根》《马大帅》。他拍的东西跟张艺谋、冯小刚完全不一样，但他绝对是有自己的东西的，我指的是在艺术层面。

就像他做的那些小品，我看他小品长大的，导致现在我看《一年一度喜剧大赛》，觉得好多新的点笑不出来。包括看国外的《周六夜现场》[①] 也是一样。现在的喜剧节目都是搞这些。有很多导演跟我聊，发一些本子让我看，我觉得这个东西绝对是有创意，是很好，但跟东北的那些喜剧，那些滋养我创作出东西的喜剧，是不一样的，完全两回事。

① 美国一档周六深夜时段直播的喜剧小品类综艺节目。

从起步到几百万粉丝

李翔： 你开始拍视频的时候，点赞数量是很少的，对吗？

陈彦达： 对，就是很少。我当时起步的一个幻想，就是先火一条视频。当时发的第一条视频是 100 多个赞，看评论能看出来，不光是你身边的朋友点赞，还有陌生人。真的就是继续拍。后来就火了一条，有几万赞，那真的挺开心。

那时候我晚上就一直看，早上又很早起来看评论，一会 99+，一会 99+，觉也没睡好，感觉特别疲惫，却又特别开心。但是再拍一条，又不行了，又是 100 多个赞。那我就接着拍，就是接着拍。

拍了一段时间之后，有一两条评论几万的视频，粉丝涨到了一万的样子。具体的节点我记不清了，但当时我觉得，一万粉丝就跟网红沾边了。我就有个想法，要进一步证明自己，搞点商业的东西。说实话，我当时想的并不是挣钱，就是证明一下自己。因为做了一段时间了，周围人都在看，大家也老会聊这个事情。感觉挂上商业，就能证明一下自己。但是没想到第一次挂上商业的东西，确实赚到了一点钱。

当时是做果冻橙。我妈给我寄了一盒四川的爱媛果冻橙，我觉得挺好吃的，就去淘宝一家一家店聊。上课的时候我就在那儿跟店家聊，说能不能跟你合作。是我主动找别人合作，都不说钱不钱的问题，就说我把你这个东西挂到抖音上。但是挂抖音是要开权限的，不是我把他的链接拿来就能挂在底下购物车里，所以很多不愿意配合我，就是“谢谢，不用”。一家一家问，都是“谢谢，不用”。好容易问到一家，没什么废话，告诉我行。我告诉他怎么弄，他就怎么弄，我就挂上了。挂了之后，那个视频有七八百万的播放量，就赚了一些钱。

这是第一次搞商业方面的事。当时我在学校，真的是感慨到我了，那家人给我发他们发货的视频，忙得不行。他们是真的在山上摘橙子，然后装箱，然后往客运站运特别多箱水果。我当时觉得网络的力量太强大了，发一条视频给他们卖了这么多。他们也是特别感谢我。确实那一下大家都没有想到，我觉得他们也没想到。

再往后，因为我做的是测评视频，有些人说我是你的粉丝，送一点东西给你吃，我挺开心，还能给我拍视频提供素材。有一个人确实是我的粉丝，他自己家做泡椒凤爪、脱骨凤爪这些东西，给我邮了一箱，可以拍视频。他都没有让我艾特他，我主动艾特他的，结果直接给他卖爆单了。他不知道该怎么感谢我，又给我邮了好几次吃的。

李翔：从你开始拍短视频，到有了一条几万赞的视频，花了多久？

陈彦达：是第五六条火的。之前都是 100 多个赞，第五六条就有上万赞。

李翔：那已经非常快了。火了一条之后，再拍又是几百赞，你没去总结一下怎么才能维持高赞吗？

陈彦达：总结了啊。但是这个东西真的很奇怪，天时地利人和，我同样的模式往下推，不一定会继续火。我拍了不少同样模式的。就像电影火一部之后，拍第二部如果要想保证市场和票房，肯定要拍个结构差不多的。我当时有这个想法。所以也有过特别纠结崩溃的时候，就感觉这个账号是不是出问题了。您了解抖音吧，对它的算法什么的？

李翔：我是用户。

陈彦达：其实很多做抖音的，在过程中都会有这方面的落差。火了一条之后，后面不好了，你会怀疑，是不是别人举报了你，是不是你之前接广告，给你限流了。其实做什么都一样。我在生活当中，很多时候感觉跟做抖音一样，遇到问题了就开始各种怀疑。

当时没有人帮我，我也不认识抖音的人，甚至有送我衣服的商家我都去问，因为他们有抖音团队。他们有时候会给我鼓励，说虽然数据上有波动，但你的视频没有问题，不要一直纠结流量。他们可能见得多了。但我也不知道他们说的是不是对的，有挺难受的时候。

李翔：你什么时候开始意识到自己的账号可能火了？

陈彦达：我爸加入之后，粉丝涨得太快了，那时候真是随便拍个啥，至少 800 万播放量以上。因为我当时拍的是“真生活”的东西，抖音上很少有这样的。

我当时就是拍自己的“真生活”，一直录，录完之后就剪，特别累，有时候要剪一宿。我记得很清楚，有一次我就坐在我家客厅里，落地窗前面，一直剪，一抬头天亮了，但我一点都没感觉到。因为那种片子特别难剪，一点不设计，录个十分钟、二十分钟的东西，要剪到一两分钟，都要剪很久，你要去拿捏这个点好不好，每个点之间要隔多久。如果要用一个概念总结的话，就是“节奏感”。

那段时间感觉确实热度高，晚上直播，我也不会播，就坐在那儿，实时在线几千人，一晚上至少有几十万观众。我就在那儿坐着，对直播的套路、技巧真是一点不会，大家问什么问题，我也不知道应该读一下，就在那儿随便说。后来就不直播了，不想勉强自己。

李翔：你是怎么想到做测评的？

陈彦达：最早其实没那么多规划。那个时候我做了一个视频，测评拼多多上卖的低价雨伞，挺有意思的，但已经被我删了，因为不太雅。当时拼夕夕[①] 在网上很火，很多人在网上买个剃须刀，一打开像陀螺似的，说是拼夕夕买的。买个雨伞，一推就飞起来了，拼夕夕买的。

我那天在拼夕夕花一块五买了一把雨伞，室友在旁边，我说你给我录下来，我当时是打算发给我妈，没想着发抖音。他就给我录下来了。结果我一打开那个伞就是坏的，铁丝都没插好。视频没多长，挺有意思的，我就发抖音上了，加了标题，《拼夕夕雨伞测评》。没想到会火。这个视频为什么火？还因为我一直在说卧槽、卧槽。这是一个点。就有抖音用户在底下评论里专门数我到底说了几句卧槽。不过后来也是因为这个，我把视频删了，感觉不太好。（笑）

李翔：这是听觉锤[②] 啊，不断重复的主题词。

陈彦达：这是第一条测评的。后面继续测评拼夕夕的商品，又买一些便宜的东西发测评。再后来第一条火的视频也是拼夕夕，买的猕猴桃，那个还没删，现在有几万赞。

李翔：他们找过你吗？

---

① 社交网络上大家对电商平台拼多多的戏称。

② 通过声音将信息植入用户的大脑。

陈彦达：拼夕夕吗？没有来找我。但是好巧，拼夕夕这两年也没找我做过广告，别的都找过。（笑）主要是真有意思，真的是一块五买的东西，里面给你一张券，好评能给你返三块钱，买东西还赚钱，这个是能引发讨论的。评论区都在讨论。

主题选择和能火的视频

李翔：你的短视频有测评的，有拍自己家的，有拍寝室的，有翻拍电视剧的，像这种主题，你是怎么选择的？

陈彦达：我是纯自己想拍啥就拍啥。他们真正做短视频的人，有团队，把这个当工作做，不敢随便换题材，不敢像我这样。比如拍学校，你的固定用户就是学校的学生，要是想商业化，可能也是要面向学生的。但做家庭就是另一回事了。我真是想拍啥就拍啥。在家里我想翻拍电视剧，让我爸陪我一起，我就觉得这个东西好玩。我觉得啥好玩就拍啥，没有说一定要固定一个东西。但是可能潜意识里还是有一种希望，希望能越来越体面。

比如现在我知道拍什么能火。前两天我说，让室友帮我录一条，我在操场上走，看谁能认出我，我觉得肯定能火，但是我不愿意拍这种。拍一个大学生到人民公园相亲的，肯定能火，绝对很高的播放量，但是我现在不太愿意做这种需要你豁出去的东西。我潜意识里是有这个想法的。

李翔：能火的视频有什么特点吗？或者有什么共性吗？

陈彦达：要新，要有看点。从细节来说的话，我觉得要做得生活一点，把该固定的点固定好，给大家营造出一种很生活、很随意的感觉。但是真随意去拍，又不行，要把这个随意感设计出来。

像我在学校拍的很多视频，比如翻拍电视剧，我把电视剧里面的台词精简一下，把镜头画面想一下，然后找同学来拍，可能一两个小时拍完，剪一剪，发出来，有时候就会火。但粉丝或者别的达人把我的视频的分镜和台词直接拿过去用，就不会火。为什么？不是因为我是网红，而是因为有些细节，比如这个画面各方面的感觉，台词的节奏，以及这句话要用什么语气说，大家能听进去，就觉得好笑，这种感觉是不一样的。

李翔：你刚才举的例子，拍你在操场上走，有多少人能认出你，你认为肯定能火，它的点是什么？

陈彦达：这是我在生活中产生的想法。我前几天跟同学在操场上走，会有大一的女生来跟我合照。我就说拍一期这样的，我去操场上走，看有多少个学生能认出我。我觉得这个创意很好。为什么？第一这是新时代真实校园生活的内容，第二有吸引大家看下去的点，因为你先把主题说明了，今天要看多少人能认出我，大家想看这个结果，想看你会面临什么样的情况。

李翔：你会因为点赞或者观看量的下降而换主题吗，还是说真的就是完全随机的？

陈彦达：我是完全随机的，不会根据数据拍。但是下降的话，我可能就不会拍了。因为如果下降了，要不然是大家看够了，要不然是你在这方面的内容输出能力已经消耗得差不多了。

李翔：有没有哪些视频，你自己觉得就是正常的，但点赞量很高？

陈彦达：《人世间》拍了一条，本来我不觉得能火。我对火的定义是，有几百万播放量就算比较火。当时我遇到的问题是《甄嬛传》没法拍了，因为室友不愿意再演女生。很复杂的心情，我要想接下来拍什么。而且这学期我来了之后，大家对我的认识起点就是《甄嬛传》，男生演女生、侍寝那些，是很极致的喜剧、闹剧，如果我拍别的，我能想象大家评论的风向。

拍《人世间》那条视频压力很大，拍一条《甄嬛传》两个小时，《人世间》那条十五分钟拍完，因为我完全是蒙的。而且那条刚发出来时，确实跟我想的一样，大家评论全都是你怎么不拍《甄嬛传》什么的。

拍短视频的工作包括什么

李翔：你拍一条短视频需要准备多久？

陈彦达：真正在那儿准备的时间不用特别长，但是要把这个东西想出来很难。有的时候，比如做商务，硬要想一个创意，真的就是去天台或者走廊，一直在想，一晚上都想不出来。一旦想出来之后，再把它文字化出来，就不需要多久了，几十分钟就写完了。短视频比较短，有时候都不需要剧本，把每个画面在脑子里面过一遍就行，只有想创意的过程是比较折磨人的。

李翔：想的过程全都是你来完成的吗？

陈彦达：对，就是我自己，这个东西确实没办法听别人的意见。

李翔：各种选题是怎么找的呢？

陈彦达：就是一瞬间的想法，不是刻意去找的。比如我翻拍的那些，它们属于一种亚文化，用网络流行语叫“玩尬的”，内核是有点恶搞讽刺的。如果没有短视频，是没有人看这种东西的。所以还有一个问题，我之前拍的东西，有时通不过审核，因为平台不确定到底适不适合推荐出去。

有的时候，一个系列，第一条审核不过，后面怎么拍都不过。有的时候，第一条平台觉得行，后面就没这方面的问题。

李翔：这种审核不过的情况，主要是集中在翻拍剧上面吗？

陈彦达：都有吧。

李翔：申诉会管用吗？

陈彦达：没用，因为可能都是人工审的。往往极致的创意就在审核边缘。（笑）我很感谢抖音，真正改变了我的生活轨迹，但是这些小的挫折，也让我生了不少气。现在好了，已经习惯了。

李翔：整个过程是，有了想法之后，会把它写下来，变成一个类似剧本这样的东西？

陈彦达：对，如果有人配合，是需要写的，怎么拍，拍什么，得写出来，演员要背。

李翔：写完之后呢，就进入拍摄流程？

陈彦达：对。

李翔：你拍一个短视频需要多少人来完成整个过程？

陈彦达：在宿舍拍的话，除了演员，还有一个摄影师，不露脸。在家就是我妈给拍。

李翔：你需要给他们提要求吗？

陈彦达：摄影师就是我告诉他要站哪儿，我要的是什么样的，就行了。演员就是我演示一下他要怎么说，什么情绪，就行了。达不到要求就重来。

李翔：一条大概要拍几遍？

陈彦达：很多，我这个人可能有点强迫症。多的话一条几十遍，一遍过的也有，少。

有时候录完我觉得最后一遍能用，后来一剪，发现还是第一遍最自然。发出来之后演员就说，你让我拍那么多遍，用的不还是第一遍吗？

李翔：剪辑是你自己做吗？

陈彦达：对，自己做。

李翔：你现在剪片子应该快一些了吧？

陈彦达：会快一些，最近的话，三个小时吧。先选，选完再剪，节奏得控制好，再加上关键帧这种。

李翔：你有一条特别受欢迎的短视频，用成功学口吻跟爸妈讲话。

陈彦达：爆火，那可能是第一个让我意识到可以延续的东西，拍了好几个系列，回家没什么拍的就拍那个。大家就爱看那个。最开始我是调侃成功学，后来越研究越发现，这个东西有它存在的意义，越研究越发现它有道理。（笑）

李翔：你的父母，包括你宿舍的同学，参与到你的短视频里面，需要你去说服他们吗？像同学的话，你需要给他们什么承诺吗？

陈彦达：我觉得本质上是不需要的，我给他们承诺，不是他们帮我拍的原因。最开始的时候就是大家一起当成玩在演。男生上大学以后都不那么羞涩了，而且我很善于把每个人最好的一面展示出来。（笑）承诺的东西是事后的，很现实的问题，这是拍摄之外的，我没有把它和拍摄太紧密地联系到一起。

李翔：你爸妈也参与短视频，开始时他们会排斥吗？

陈彦达：他们没有太抵触。包括我找过我姥姥、姥爷拍，找我爷爷拍，他们也没问题。家长、老人都需要陪伴，这个过程挺美好的。

李翔：他们怎么看你拍短视频这个行为呢？

陈彦达：我爸可能要求高一点，他不希望我单向发展。我妈是我做什么她都支持我。我妈跟我挺好的，能聊一起去。其他家里面的人，老人的话，觉得你干这个能吃到饭，能赚到钱，还挺好的，就行了。

李翔：你一开始拍他们就知道吗？

陈彦达：对，知道，我爸我妈都看到了。

李翔：不是你给他们看的吗？

陈彦达：不是，他们也刷抖音。有时候我看到有意思的会转给我妈，我妈也会转给我。2018 年之后，通讯录好友很容易互相刷到。2018 年、2019 年抖音已经很火了，我和我身边的朋友，包括我妈也刷，刷到半夜一两点。

李翔：随着粉丝变多，知名度变高，会有比如开始时可能认为它不是一个正经事，后面会认为好像还是一个事情，这样的变化吗？

陈彦达：有啊。最开始在学校拍，只有几百赞的时候，我爸不让我拍。他的观点是，你去操场打打篮球什么的，都比这个强，你拍的那个东西也不是能拿到台面上的东西。后来他的态度就证明了一切，他参与进来了。

李翔：你跟抖音的运营人员有什么交流吗？

陈彦达：没有，初代网红会有交流，2017 年、2018 年火的那批。我是 2019 年年末到 2020 年才火起来的，就没有这个福利了。参加官方活动有认识抖音平台负责运营的朋友，但他们的工作不是服务我。

李翔：你现在账号的商业化是已经有非常成熟的路径了吗？

陈彦达：接广告。我不喜欢卖货。最早有短视频带货，不多。刚火的时候带了几款快消品，卖得很好，有李子柒螺蛳粉，还有劲面堂的面。后来就没卖了。有好的机会我没有那么抵触，但是短视频带货和直播带货不一样。短视频带货，视频肯定要围绕这个货。围绕货的话，这个视频就不是很容易火，对于我来说，是有一个矛盾点在里面，所以我不愿意做。

李翔：你的优先级首先是内容能火，其次才是商业化。

陈彦达：对，这也是互相的。说通俗点，如果你视频做得不好，对带货销量、对你的商业价值也有影响。

考公和其他选择

李翔：类似考公务员这样的选择你想过吗？

陈彦达：想过。做抖音之前想过公务员方面的事。我对这方面还挺感兴趣的，有些机关单位主题的电影、电视剧我挺喜欢看，比如胡军和于和伟演的《岁月》。

李翔：你是党员，是吗？

陈彦达：对，我是党员。我高中的时候交了入党申请书，大学的时候就顺利入党了。2020 年 11 月份。之前上党校、各种考试，都考完了，也有考察期什么的。所以我说对公务员这方面还是挺感兴趣的。

李翔：我看你抖音置顶的视频，第一条就是爱国主题的，是平台的要求吗，还是你自己做的？

陈彦达：不是平台要求。是自己发的，发自内心的。当时在那个盛况[1]之下，确实有种挺自豪的感觉，就发了几张照片。

---

① 指建党百年。

谁想到那个能火。可能大家天天看我发一些“不正经”的东西，一看我发个正常的，反而带来挺大的冲击力。

李翔：你们大学班里有多少同学？

陈彦达：我们班有四十个人，男生十二个。

李翔：大家的选择是什么？是考研，还是找工作？

陈彦达：寝室的室友们去年都考研了，两个室友，一个考了本校的研，一个考到人大，挺厉害的。

李翔：找工作的多吗？

陈彦达：也有，给我短视频摄影的同学就去找工作了。他现在签了伊利，管培生，已经开始工作了。我上两条视频都是新摄影师拍的，也是我班同学。（笑）

李翔：你身边的同学对你的状态是怎么看的，会表示羡慕吗？

陈彦达：我猜羡慕肯定有，但男生之间不会这样表达，除非喝多了。我高中室友喝多了跟我说过，“说实话我真挺羡慕你的”，我不知道该怎么回答。大学同学都是火之前的相处方式，我很注意，宁愿他们开我点玩笑啥的。大家可能会觉得你火了，上升了一点。但其实一样的，我现在也挺迷茫的。

李翔：你的迷茫如果具体表达的话，会是什么？

陈彦达：就是开始我们聊的，我毕业之后怎么办？考研吗？全是未知的。可能下一阶段我该想的事，是毕业后的去向问题。我现在这个状态很尴尬。我是已经工作了吗？我不知道。因为这不是传统意义上的工作。

李翔：现在如果有一个工作 offer 给到你，你还是会考虑的？

陈彦达：会啊，都不用太高年薪，差不多我都会考虑的。

李翔：你们同学认为什么样的工作是好工作？

陈彦达：我身边的同学，我跟很多人都聊过，我觉得大部分还是不愿意去做一个平凡的工作。考研什么的只是缓冲。

李翔：大家想找一份什么样的工作呢？这是非常现实的。比如去伊利这样的大公司，是一个好工作吗？

陈彦达：那个同学不太一样，不是太卷。他可能就是想找一份稳定的工作，那这就是好工作啊。在我们学校，想卷的人，真的会想一想考研这方面。我一个好朋友，客串过我视频，他现在找的那个工作之后可能要出国。男生，就想出去闯一闯，想有更好的发展机会，不求稳定，不求平淡。

李翔：除了大二尝试找过实习之外，你还找过工作吗？投简历，找实习和工作的机会？

陈彦达：没有，可能是运气好，还没经历过这个过程。

李翔：你们学校的毕业生，典型路径是什么？考研究生吗？

陈彦达：经济学院就是考研。经济学院是我们学校录取分数线最高的，他们都是考研，去年有百分之七八十的人考研。其他的，我们学校的王牌专业，动物医学、土地资源那些，应该是就业机会、待遇都好一些。

李翔：你们学校还有类似于你这样的人吗，就是路径跟其他人都不太一样的？

陈彦达：有。我上一届就有。我大二还没成网红的时候，有一对情侣忽然红了，也是艺术团的，男生是搞说唱的，女生是话剧团的，拍了一个在学校校园的情侣视频很火，200 多万赞。我们不熟，没说过话，但是在抖音互相关注了，因为是校友嘛。我看着他们每一步的成长，先是在学校拍，后来结婚、生子，都在抖音记录了，很美好。就比我大一届，发生这么多事。他们毕业后应该就是继续做自媒体。这一阵子认识了很多搞创业的校友，也是在校期间在搞，毕业后继续经营，有异曲同工之处。

再之前我们学校有一对双胞胎，1000 多万粉丝，但是我大一时他们就毕业了。我听朋友说，他们是自己做了公司，到了老板的层面。

李翔：你自己怎么看网红这个词或者身份?

陈彦达：我刚火的时候，网红这个词不太好，所有新闻标题带网红怎么样的，一定是负面的。我当时觉得，网红就网红呗，网络红人，英语的网红直译就是有影响力的人。

后来接触到别的网红，认识很多朋友，我觉得我们都是幸运的。但是在中国，网红现在还没有到特别稳定的发展阶段。国外有一些 YouTube 上的红人，把这个当职业，也不需要公司，自己就能做。但是在中国来说还是不太一样，从抖音这一块看，就完全不一样。你像我只靠自己拍内容，玩到这个程度，精进的空间不太大。你要想玩得更好，核心还是炒作，这个东西很有时效性。

李翔：你没有想过做多平台的创作吗?多平台的内容。

陈彦达：没有，就一个原因，懒，不想要那么多压力，从抖音做就一直做抖音。很多平台，比如微信视频号，找过我无数次，它现在在推广阶段。但我不想弄太多事，因为我真是自己一个人，差不多就行了。

李翔：别人介绍你的时候，说你是网红，你会排斥吗?

陈彦达：一点不排斥，因为也没有别的身份来介绍我。要说我是演员，我就演过那么一个网剧，能算演员吗?好像有点讽刺我。就是网红。

我们丹东出过一个顶级网红，叫刘宇宁。他是做直播的，抖音上爆火的。我还拍过他，一边从他旁边走过去一边拍，还发过抖音。家乡的网红。我看他很有共通的感觉。他去参加了一期《我是歌手》[①]，输了，一堆粉丝在门口给他加油，他哭了。我看综艺节目从来没有想哭的感觉，但那段有。我觉得他压力也挺大的。他就是一个超级网红。我挺喜欢他的，他真是挺厉害的。

李翔：疫情对你们上学会有影响吗？包括对你拍视频会有影响吗？

陈彦达：对拍视频没有影响。有的网红说因为疫情接不到广告，可能疫情对实体经济影响太大了，对各行各业都有影响。但是对拍视频没有影响，尤其是生活化那种。我就是疫情爆发的那个学期，在家上网课时火起来的。

李翔：大学这四年有什么对你很有冲击或者很有影响的事情吗？这四年其实发生了很多事情，特朗普、中美贸易，还有疫情。

陈彦达：性格的原因吧，我一般就是大家讨论的时候跟着

① 湖南卫视推出的音乐竞技类电视节目。

说几句，不是太关心这些。我觉得不该找大环境的原因，做啥都该顺势而为。

李翔：你们同学之间会讨论什么问题吗?

陈彦达：会讨论，我们寝室基本每晚都会夜谈。就谈些世界大事、国家大事。也谈些自己对世界的认识之类的。

李翔：不谈找工作?

陈彦达：不谈，从来不谈自己的问题。大家都逃避现实，聊一些跟自己没关系的事。抖音上说，男生宿舍晚上就聊世界大事、国家大事，女生就聊爱恨情仇。有另外一个同学也是党员，前天他讲阶级固化什么的，真的，就聊这些。前几天还聊美国的农业发展。但多数情况下我是一个倾听者。

互联网和消费习惯

李翔：你平时会通过什么渠道看新闻、获取信息？

陈彦达：抖音和微博。

李翔：你第一次有智能手机是什么时候？

陈彦达：初中的时候。但我觉得那个手机就是在家放着，我不用。周六周日出去补课，有些同学有，我也想要，就跟我妈要。

李翔：你现在用得比较多的 App 是什么？抖音和微博吗？

陈彦达：对，最多的就是抖音和微博。然后是 QQ，学校里都是用 QQ 发通知、传文件什么的。再就是点外卖，天天美团外卖、饿了么。然后是滴滴打车，没了。微信读书，我想看的时候会看一眼，但我现在明显不是太爱读书了，说实话。

然后是 Soul，这个挺有意思，我是在上面瞎聊天。它可以随便打电话，给陌生人打电话。我在寝室无聊，就拨个电话，我室友他们就听。我就在那儿跟别人瞎说，随便编个身份什么的，大伙儿当个乐子。我挺愿意玩儿 Soul 的。

李翔：你有比较喜欢的艺人、企业家、明星，或者作家吗？

陈彦达：明星比较喜欢华晨宇，我觉得他引领了一种审美，不容易。演员比较喜欢陈道明这种，比较专注的。高中时候不爱学习，老看一些杂书，东野圭吾的书、《法医秦明》什么的，大学看得少了。但大学看了一本书给我震动挺大的，太宰治写的《人间失格》。当时我挺天真的，看完之后，我对这个世界的理解有点变得灰暗了。

李翔：你平时看综艺、追剧，会很多吗？

陈彦达：综艺看一点，主要是追剧、看电影。大学里，基本闲的时候就是追剧，而且我不追新剧，就追一些经典的老电视剧，《蜗居》啊，《父母爱情》《士兵突击》那些，TVB（香港无线电视）的老片子我也看，看着不太累的那种。

李翔：通过什么平台？

陈彦达：就是正常的，优酷、腾讯、爱奇艺这些。

李翔：你关心科技新闻或者商业新闻这种吗？

陈彦达：应该不算关心。

李翔：对马云、马化腾、张一鸣也不是那么感兴趣，是吗？

陈彦达：还是会看一些，我关注的全是关于他们的娱乐新闻，比如马云唱歌，马云拍电影。

李翔：像大家对他们的攻击之类的呢，比如说资本家什么的？

陈彦达：就是这几年的996吧？我不会去攻击他们。我觉得工作这个东西是双向的，每个人需求不一样。这种警惕也许是好的。

真的，说实话，我觉得他们是站在特别高的地方的人，未必是为了钱。国家经济发展也需要这种人。我不知道我说得对不对，单纯都是我自己的想法。

李翔：同学呢？

陈彦达：晚上聊天的时候，有的人特别抵触这种事。每个人观点不一样。我这个人是比较随和的性格。

李翔：你们讨论的时候，包括你的朋友圈，会因为这些事情吵起来吗，或者有分裂吗？

陈彦达：激烈地吵起来没有，但是不同观点会有，这是很正常的。我这几年出差、录节目，认识很多社会上的人，我发现确实大学生这个阶段思想特别活跃，特别愿意输出自己的观点，各持己见，再往后也许就不会了。比如现在，有的地方你可能觉得我说得不对，但你为了让我说下去，也会站在我的角度问是怎么回事，因为你想听清我的观点。我是觉得很多问题没必要争论，你有你的想法，我知道自己是什么想法，就够了。

李翔：你不会参与这种争论吗？

陈彦达：不会。闲聊的时候怎么说都行吧？因为我自己也是，我不能保证我说的每句话都是可以播出去的，我只能保证我在屏幕前说的每句话都是可以播出去的。

李翔：你有喜欢的国货品牌吗？这两年特别火。

陈彦达：没什么。

李翔：你不会因为它是一个中国的品牌就格外偏爱？

陈彦达：我不会，丝毫不会。我觉得爱国应该爱的是中国的文化，爱的是一个大的意义。甚至你爱的不一定是现在这个文化，可能是以前的文化，比如中国的历史、哲学、文化的属性，是你把它充分了解以后，再说你爱国。你说的支持国货，那是另一种爱国。我觉得我不是一定支持国货，但我一定是爱党爱国的。这个我了解我自己。

李翔：你看过B站拍的那个叫《后浪》的宣传片吗？

陈彦达：有点忘了。我知道那个挺火的，没怎么看过。它是讲啥的？后浪是指？

李翔：年轻人。

陈彦达：我就看了一眼，我真忘了。

李翔：你觉得你自己是比较典型的00后吗？

陈彦达：不好说。我不知道00后该是什么样，我只能说我跟身边的人有些不一样的地方。但是每个人都有不一样的地方，我可能不一样得多一点。

李翔：这个不一样得多一点指什么？

陈彦达：我不是一个太从众的人，我挺坚持自我的。在家我经常跟我爸吵。我爸是个特别坚持自己观点的人。我本来觉得他不对，但是现在我越来越发现我也是这样的人，挺固执的，挺愿意一条道走到黑的性格。很多时候，只要是我坚持的，无论得到什么结果，我都发自内心觉得是好的。朋友对我的评价是嘴硬，但我乐在其中。

还有我可能胆子更大一些，敢于挑战一些规则。大学接触的朋友大多比较听话，有破坏规则风险的事，大家都不愿意去做。但是，大家都做的东西，我不一定会去做；大家都不看好的东西，我可能会去做。

陈泽宁·香港中文大学

自我介绍：

我是陈泽宁，来自湖北武汉，目前就读于香港中文大学数学与信息工程专业，同时正在攻读物理学位。我同时也是香港中文大学内地本科生联合会（MUA）的主席。

我是一个不太标准的理工男。我对科技方面很感兴趣，人生终极目标是拥有一家属于自己的科技公司，专注于可穿戴智能设备领域，用所学的东西切实改善生活；同时我也喜欢并擅长与人沟通交流，推崇鼓励式教育，随心随性，坚信唯二重要的事是“让自己开心”和“让周围的人开心”。

（自我介绍由受访者本人撰写）

陈泽宁在高中毕业之后，选择离开家乡武汉，到香港中文大学读书。父母和他本人的意见一致，希望能够让他到一个不同的制度和文化中去学习和生活一段时间。

对于陈泽宁而言，大学的四年是不平静的四年。刚刚进入新环境的 2018 年下半年反倒最为正常；2019 年大二时他就目睹了香港本地的动荡；2020 年武汉疫情期间，他每天打电话回去安慰父母；2021 年香港疫情开始严重，他在宿舍上网课；然后到了 2022 年的大四下学期，他又从社交网络上看到上海和北京的疫情反弹。身处香港，又经历了如此多具有冲击性的事件，让他能更敏感地发现年轻人情感和情绪上的变化和调整。

不过，在职业规划上，和很多这个年龄段的同学不同，陈泽宁有一个清晰的人生愿景：他对可穿戴智能设备感兴趣，希望能够把科技应用到人的日常生活中。他也是他的同学中少有的会把创业作为未来人生选项的人之一。

为什么到香港读书

李翔：2018 年的时候，你是在什么样的情况下选择去香港读大学的？还有你父母，他们的想法是怎样的？那时候到香港读书很难吗？

陈泽宁：那时候到香港来，应该整体上算是比较难吧。我个人比较特殊，高中的时候，是走两条路，一边在准备出国，考托福、SAT[①] 之类的，一边在准备高考。

后来，一是出国那边，成绩一直不大理想。二是觉得在内地读了那么久，本身高中成绩还可以，不经历一下高考这个从小就听过的考试，总感觉很可惜。最后就在高三的时候选择放弃出国，参加高考。成绩应该还算可以，我是武汉人，每年湖北省总共有二三十万考生，我大概排 500 到 1000 名。清北肯定够不上，但正好是可以考香港中文大学的成绩。

选择来香港，一是本身英文比较好，因为之前准备出国。二是也很想到内地以外的城市看一看。当时高考分数出来，志

① 相当于美国大学入学考试。

愿表一看，香港中文大学也挺好。我也参加了科大[①]面试，没过，最后就选择来中大了。

李翔：去香港读书，是你自己坚持的选择，还是父母的选择？你们有一个商量的过程吗？

陈泽宁：如果说有商量的话，很早之前就差不多商量好了。他们希望我出去看看，出国或者去香港，到一个制度有点不一样的城市去看一看。所以选择高考志愿的时候，就尽力在往这方面寻找。最后一商量，香港中文大学还挺好，就来了。

李翔：香港的大学和内地的大学录取会有什么明显的区别吗？

陈泽宁：其实是有的。内地的大学一般来说只看高考成绩，没有面试这一环节，除非是一些走特殊批次录取的。我应该是在高考后就去参加了一次科大的面试。当时也是到处试试，家里人了解到科大正在招生，如果面试通过，高考达到一定成绩，可以直接录取，我就去参加了。

知道科大面试没过之后，我还是想去香港。一看还有一个香港中文大学可以只用高考成绩申请，就直接填了这个志愿。香港中文大学没有面试这个环节。

---

① 香港科技大学。

李翔：像科大这种面试需要准备吗？会有人告诉你需要注意什么事项吗？

陈泽宁：可能有。但是我参加科大面试的时候，本身刚结束繁忙的高考，所以没有什么准备，所有的消息都是我爸给我讲的。他问我要不要参加一个面试，我说行，就选了一个周末，跑到广州去参加了。

李翔：其实还是挺轻松的？

陈泽宁：对，是挺轻松的。我准备了自我介绍，我以为我爸帮我申请的是工程，因为我本身对工程很感兴趣，结果我爸帮我申请的是商科类。自我介绍完，面试官还问了我一句，你这么喜欢理工科，怎么不读工程呢？为什么要来申请我们商科？觉得挺好玩的。

李翔：你是最后才知道面试的是商科？

陈泽宁：对。我爸也是他们公司的人帮他提交的申请，因为他看不懂英文，所以他也不知道给我申请的是什么。

李翔：所以也不是说是你父亲想让你读商科，所以才申请的，完全是个误会？

陈泽宁：对，他也不太清楚这个事。

李翔：你自己面试回来后总结过吗，香港的大学的要求，跟我们在内地接受的教育的要求，有区别吗？

陈泽宁：肯定是有区别的。内地如果你走高考这条路的话，主要就是看书面成绩，唯一不涉及笔试能力的，就是英语的听力。

但是对于香港的很多大学来说，面试占很大一部分，他们需要看你整个人的表现，要看你未来的职业规划。这也是我科大面试没有过的原因，我说的和我申请的根本就不一样，他们可能看重一个人的综合素质。

中文大学招香港本地人也是需要面试的。因为中文大学有一个很特殊的文化叫书院文化。书院文化有点像《哈利·波特》里面不同的学院，它和你学的东西没有关系，只是一个住宿的环境，但每个书院有自己的特色。对于香港本地同学来说，你需要对自己未来大学四年想要怎么过，有一个很清晰的了解。

像我住在和声书院，和声书院的特色是和谐、绿色。它的位置在后山，可能出行就比较不方便，但它的特色是合唱团、甜品店、美丽的风景这些。如果喜欢参加一些文艺活动，你就可以选择住在后山，和声书院。如果喜欢出去社交，它就不适合你。

所以，你需要对每个书院都进行了解，然后去参加书院的面试，看他们收不收你。

李翔：和声书院跟你学的数学信息工程专业有关系吗？

陈泽宁：没有关系。中大有九个书院，每个书院里面都有所有学系的同学。书院就像小区一样的感觉，和你具体学什么专业是没有关系的。

李翔：你的专业是你自己选择的吗，数学信息工程？

陈泽宁：对，因为工程是我未来职业规划中很重要的部分，但我也没有特别确定想做哪一方面，所以觉得应该读一些基础科学，比如数学，比如我现在正在读物理双学位，我觉得对于未来都挺有帮助的。并且为了读物理，我准备延毕一年。

李翔：这个学院是高锟[①]创办的，是吗？

陈泽宁：我们信息工程学院是高锟创办的。高锟是泰斗级人物，光纤技术的领军人物，我们学院门口还有他的雕像。

---

① 曾任香港中文大学校长，2009 年诺贝尔物理学奖得主，主要研究光纤技术在通信领域的应用。

职业规划

李翔：你提到几次你的职业规划，你的职业规划是什么样的？在你申请大学的时候，跟现在有区别吗？

陈泽宁：我觉得我的终极人生规划是没有太大变化的。所有的小男孩可能都有一个科技梦，就像埃隆·马斯克是很多男孩的偶像。我未来想做可穿戴智能设备这块，这是我一直以来的梦想。比如做一些智能眼镜，把科技应用到日常生活中，这是我未来的目标。但是我在读大学期间认识到，实现目标可能很难，中途可能需要先做一些别的事。因为达成这个目标可能需要很多的钱和时间，中间如果一直被家里管着，也挺不舒服的。

比如说我现在本身没有一个很好的读研方向，我想自己先去闯一闯，去工作一下、创业一下，然后再选择一个好的方向读研，但是家里人可能就不那么觉得。

我觉得可能也是文化差别。在内地来说，读研几乎是一个必须的事；但在香港来说，这边读研的人比内地少很多。是不是马上读研这件事，我跟家里有很多的交流，家里一直管着我，我也挺烦。

所以最近我就想，在我延毕这段时间里，本身学习压力也不是很大的情况下，做一些小的创业项目，如果能够经济独立、能够赚点钱，再去实现我的目标可能会比较好。

李翔：你刚才讲，你的人生规划是把科技应用到日常生活中。这个规划一定要通过创业的方式来实现，还是说可以通过在大公司工作实现，或者可以通过在研究室里做科研的方式实现？

陈泽宁：如果可以的话，我肯定想创办一家自己的科技公司。但我也很希望能够去一些应用科技公司看一下。比如，这个暑假我会在香港科学园这边一个做应用科技的公司进行实习。如果能够积累足够的经验，自己试一下创业也挺好。

李翔：你的这个规划是什么时候开始有的？它感觉是一个科技公司文化下的产物。

陈泽宁：说不定是小时候看钢铁侠电影时有的，能够自己创造一套机甲，能够把自己拥有的一些知识，真正应用到自己的生活当中，我觉得是一件很酷的事情。

李翔：你提到埃隆·马斯克，你什么时候知道有这么一个人存在的？

陈泽宁：知道有这个人存在是进了大学之后。因为高中的时候很少用电子设备。知道了这个人，查了一下资料，读了他的传记，我才发现，原来理想不只是电影中虚构的，真的有人能够活成这样子。

李翔：科技应用于日常生活，你是怎么想到这句话的？

陈泽宁：我一直都觉得，所有读工程的人，都是想把自己学到的东西应用到实际生活中的。像高中学了那么多理论知识，实际上和生活挺远的，你也不知道学了这个能够干什么。但是像我读信息工程，就是一个很好的把知识运用到现实中的过程。比如日常大家用的 Wi-Fi 信号，比如前两天我做的一个远程操控程序，我如果有你的 IP 地址，就可以通过我的电脑直接远程操控你的电脑。像这种，能够把自己学到的东西实际应用，并且马上有成效，一直都是一个激励我的原因。

我有一个小本子，我会在上面记下我所有天马行空的科技想法。比如我想做的智能眼镜是完全可以取代手机的一个硬件产品，通过眼动技术来操控，模拟手指划过屏幕。最大的好处，一是解放双手，二是避免可能的安全隐患。比如在路上玩手机，你可能注意不到周围的情况，但如果变成眼镜的形式，在你浏览信息的时候，它可以直接帮你监控周围的环境。

创业的想法

李翔：在你们同学里，有创业想法的人多吗？

陈泽宁：据我了解，我周围同学有创业想法的真不多，我也不知道为什么。我来香港，就是因为我觉得香港是一个充满机会的城市，在这里你做任何事情，只要你有想法，只要你能找到足够的人帮你，你都可以去做，没有太大的限制。

比如说一个很简单的例子，我一直对大学的社团事务很关心，我也做过一些和内地大学社团的联动，所以知道内地大学社团一般都有一个监管老师。香港大学社团不一样，你注册一个社团，就是同学自己搞。你想做什么事情，只要在合理合法的情况下，都可以去做。感觉对我这种不安分的同学来说可能会更好一点，你可以把你的各种想法变成现实。

但是不知道为什么，确实我了解到的有创业想法的同学不太多。我觉得有可能是我读工程学系的原因吧，工程学系的同学，可能有点闷闷的。也许商科那边会多一点。

李翔：而且感觉香港的创业文化，也没有深圳、北京、上海那么繁荣。

陈泽宁：是的。香港一般来说，毕业之后，大学生能拿两三万的工资，不是特别需要你一定去打拼。可能创业的成本比较高，比如你随便做一个小公司，雇人的话，基础底薪也得一万五。可能有这个原因，具体我也不清楚。

李翔：所以你的想法，你会跟老师同学交流吗？包括父母？

陈泽宁：会，肯定会的。比如之前跟你说，我的终极目标是做一个科技公司，但为这个目标奋进的同时，我可能想做一些其他的事情，自己起码能养活自己。

我现在就准备创办一个全港内地生的平台，这个也跟我做MUA，也就是香港中文大学本科生联合会有关，它本身是我在中文大学做的一个内地生的学生会。这两年我发现，香港本地同学和我们这些非本地同学的沟通是不够的，双方对彼此的了解都是不够的。我也接触了很多人，他们真的很想了解同学们在想什么，但是以他们的身份很难了解到大家真实的想法。我就发现，真的是需要一个平台去帮忙促成他们的理解。对于在港的内地生来说，最近的情况也比以前要难很多，所以也想做一个这样的组织去帮助他们。是带着这样的一个愿景去做的。

做这件事情的话，我肯定是从周围认识的同学、相信的同学、一起共事过的同学们做起。

也找过一些老师咨询，比如智能眼镜的眼动技术，也和老师进行过交流，做过相应的探讨。他们还挺支持我这个想法的，还说如果有需要的话，可以一起来帮忙实现这些技术。

李翔：你提到的这个平台，是线上的社交网络性质的平台吗，还是线下的真实的交流平台？

陈泽宁：不算一个纯线上的平台。目标愿景是未来可以囊括所有来港的内地同学的日常所需。比如说，你来了之后想认识 local（本地）同学，想去认识一下 local 的生活，看一下 local（本地人）在干什么。可能像一个香港的微信小程序。我一直说，我们来读香港中文大学，只是来读了中大，对于香港其实是没有多少了解的。我们如果不跟着 local 一起玩，是不知道真实的香港长什么样的。

我们最近在搞一个项目，找一些 local 家庭来带内地生，对于这些家庭来说，一是可以让自己的孩子学普通话，二是可以和内地联系更紧密一点。对于内地生来说，就可以找一个香港的 mentor，比如定期带你去看一次赛马，带你吃一次饭，感受一下香港特色的风土人情。类似这样的想法，是一个平台涵盖了各方面的事情。

李翔：挺有价值的。我有一个朋友在深圳工作，但是家在香港。2019 年的时候，按照他跟我描述的情况，我真的觉得，香港人跟内地人彼此之间的不理解其实蛮严重的。

陈泽宁：太严重了。我的性格是很喜欢交朋友的，我和local同学也都玩得挺好。有些同学真的人特别好，比如说晚上太晚我回不去宿舍了，门被锁了，他就让我去他的房间住。我说那你住在哪里，他说没事，我睡室友的床。半夜醒来，我发现我睡在他的床上，他其实睡在地板上。因为他不好意思睡他室友的床。

香港同学和内地同学

李翔：2018 年刚到香港的时候，你会觉得有什么特别需要适应的地方吗？

陈泽宁：最大的适应点肯定是语言了，他们都说广东话，你听不懂。然后是吃的也不太习惯，因为我们湖北那边口味比较重，香港这边比较淡。但当时其实环境是很好的，关口是开的，中文大学又离深圳这么近。我一直说，我住在后山，我去前山地铁站花的时间，要比我从地铁站去深圳花的时间久，所以每个周末大家都跑去深圳玩。你想在香港看看也可以，想回内地也可以，挺方便。但是现在可能整体适应比较难一点。很多同学 2019 年之后就再也没有回过家，谁知道一下子等了这么久。

李翔：你们的社交单位是班还是学院？内地去的同学多吗？

陈泽宁：香港的大学是没有班级这种组织的，所有的课都是自己在网上选。这个课哪个时间段在哪里开，想上什么课自己报名就行，所以每一节课遇到的同学都是不一样的。社交的话，对内地生来说，最大的组织是 MUA，也就是我一直在做的这个组织。它会组织参与度很高、很好玩的迎新营活动。再一个社交单位就是书院，因为大家都住在一块，可能彼此也玩得更好一点。

李翔：内地同学跟内地同学玩，香港同学跟香港同学玩，会有这种情况发生吗？

陈泽宁：会有，但不是大家抗拒一起玩，主要是语言不同。让香港同学讲普通话，比让他们讲英文还别扭，我们听粤语也听不大懂，跟他们一起玩，可能还需要他们出一个翻译，怪麻烦他们的。（笑）当然我自己和很多 local 一起玩，但对于大多数同学来说，可能更愿意和文化背景相同的同学在一块玩。

李翔：你现在粤语讲得好吗？

陈泽宁：会听不会讲。我能听懂粤语，他们也都听得懂普通话，只是都讲得不大好。所以他们讲粤语，我讲普通话就行。

李翔：内地去的同学，需要主动学粤语吗？

陈泽宁：需要。在香港来说，粤语几乎是必修课，所有商科的同学都会在学校选修粤语课。但我们工程系的同学学粤语的比较少，我自己也没有上过粤语课。因为我一直觉得，我不想把粤语当成一门学科来学习，我想通过和 local 同学的日常交流来学，这样会让我学得更开心。

李翔：结果到现在也没有学会？

陈泽宁：到现在也没有学会说。之前其实有很好的愿望去学。但是挺尴尬的，连上了三年的网课，2019 年动荡，2020 年疫情，2021 年年底算是上了一个学期的线下课，2022 年这个学期又突然是准网课。所以有的同学算是连上了三年网课，和 local 同学交流得也比较少。

李翔：即使你在香港也要上网课吗？

陈泽宁：对，当时香港日新增新冠确诊病例从 200 个增加到 2000 个的时候，学校就决定全体上网课了。不管你在哪里，都得上网课。大家回内地的回内地，在家待着的在家待着。

李翔：所以变成了你在宿舍上网课。

陈泽宁：对。

李翔：这种情况应该也会影响香港同学和内地同学彼此之间的熟悉程度吧？

陈泽宁：肯定会的。很多内地同学，一听说上网课就回内地隔离去了。但和香港同学的沟通，不是线上能够完成的，因为线上没事不会找你，平时日常生活中，碰到了打一个招呼，有什么活动一起玩一下，这种线下的实际交流才有用。现在机会少了很多。

MUA

李翔：你开始做 MUA 是大二还是大三？

陈泽宁：大二下学期参加的竞选，4 月份被全体会员投票选出来，9 月份也就是大三上学期正式上任。

后来下一届会长干了半年后被同学弹劾了，因为我是上一届会长，所以我又回来干。

李翔：做学生会主席，具体需要做什么？

陈泽宁：我可以讲一下整体的流程。每年 3 月份都会开展下一届的选举活动，有意愿进 MUA 的同学，我们叫“上庄”，就是担任一年的社团职务，比如说我想当主席，我就会自己拉一个团队，大家一起组织，写一下未来一年的年度计划。然后，在竞选的宣传期，开一个微信公众号，给大家介绍我们的理念，我们是谁，我们未来会做哪些活动；并且给大家看一下我们的能力，在两周的宣传期内发一些推送、做一些活动。投票期真的就是所有同学一人一票选，看哪个团队得到的票数最多，哪个就正式上任。

一年的工作其实也还挺多的，从迎新营开始。迎新营是每年最大的活动，在每年新生进来的时候办，为期七天，帮助新生更好地融入这个环境。它也是内地生参与度最高的一个活动。我们总共 1400 名内地生，有超过 600 人会参加到每年的迎新营活动中来。

此外就是在日常学习、生活中给大家提供一些帮助，比如办各种各样的工作坊，办各种各样的讲座，办体育节、文化节，各种各样的活动。疫情期间，前期物资紧缺的时候，帮大家低价团购一些防疫物资，非营利性的。还有大家有什么集体诉求的时候，去跟学校沟通。

比如，我们内地生连上两年网课，2019 年年底到 2021 年上半学期，很多同学都没有来香港。我们一开始觉得这个模式还挺好，不用提前半个小时起床去赶课，后来发现学习效率真的太低了，一年半见不到同学，大家的心理状况都很不好。中文大学对于非本地学生关注度也不太高，没有给我们提供太好的帮助。我们就收集了一下同学的意向，去跟学校要求一些政策。其中一个叫 go local（到本地）政策，让学校联系一下内地的大学，让我们的同学去就读，变相体验一下校园文化。这是最后被学校执行的一个政策。当时让几乎一半因为特殊情况回家的内地生有了大学生活。

李翔：所以竞选学生会主席是一个非常难的事情，是吗？

要拿到至少一半学生的选票?

陈泽宁：是有效票，有效票需要达到全体会员的25%，也就是整场选举超过300名同学投票，这个选举才算合法。我那一届是两个团队竞争，我们拿了200多票，他们拿了100多票。

李翔：也需要募资之类的吗?

陈泽宁：算是需要。成本要求不大，但还是有一点，比如我们创作了一首歌，专门花钱请人谱了曲。更多的是大家的心血。

李翔：你高中的时候，参与学校的社团工作多吗?

陈泽宁：高中的时候，更主要的是学习，参与个人兴趣的社团多一点，没有参加这种为学生服务的社团。

李翔：所以这个兴趣就是在大学的时候被唤醒的?

陈泽宁：可以这么讲。大一下学期的时候，看到了社会上和校园里的一些事，因为我本身是很喜欢与人交流、很喜欢和谐的人，我觉得真的是很让我痛心，所以希望能做点事情。

李翔：你家里人会支持你做这样的事情吗，竞选学生会主席?

陈泽宁：他们是知道的。但是我一直以来跟家里的关系都不是像那种长辈晚辈的关系，而是像朋友一样，他们干他们的，我干我的。他们本身对我的各种事情都很支持。

李翔：也是做了学生会主席之后，你对很多事情才有了更多的了解和同理心？

陈泽宁：是的。我想做一个无关政治、无关宗教、无关任何，只是大家单纯以朋友身份进行沟通的平台，我觉得这样可能对于整个沟通的环境会更好。

李翔：这段经历会对你有什么影响吗，包括对你未来的规划？

陈泽宁：还是挺有影响的。我之前觉得自己想做的就只是把自己的学习搞好，做自己乐意做的事，现在会更加愿意去关注一些事情，也不是说责任感，这样好像自己多高尚，但是希望能创造出一个更好的环境。

读研和工作

李翔：选择延期毕业一年，主要是因为想创业吗？

陈泽宁：主要的原因，一是我本身大学就想学物理，但是我爸说物理出来不好找工作，就选择了数学信息工程。但我本身对物理的兴趣还是很浓，而且未来如果想做智能穿戴设备那一块，我也需要学很多应用物理的东西，所以延毕是为了多读一个学位。包括未来想读研的话，如果本科不读物理，我肯定无法走物理方向。二是也想趁这一年的机会，小小的做一个创业的尝试，做一个全港内地生的平台。

李翔：大一入学的时候，你有规划要考研究生吗？

陈泽宁：我没有规划读研究生。我记得大一时有一个活动是写你未来要做什么，我写的是想创办一个科技公司。我对未来的职业规划是有一个比较明确的态度的。只是中途机缘巧合，接触到 MUA，接触到了这些学生事务。

李翔：你也提到过，你的家人是希望你读研的。

陈泽宁：对，他们肯定希望我读研。他们说，你不读研，回来在内地只能当个工人，被当工人用。

李翔：我和一些同学聊，如果要读研的话，基本上大一大二就要开始做准备。

陈泽宁：这个也是我觉得很神奇的地方，比如像高考，在内地来说，可能从小学就开始做整套的规划。但是香港这边就没有那么大的压力，你就顺着自己慢慢读就行。读研的话，我们这边的同学都是到大三大四，如果想读研，自己提前一两个月准备。包括如果想考到海外，你就提前一两个月准备考试，然后自己写一下简历，找教授要一下推荐信。不管是从准备流程来说，还是自由度来说，都还好，不需要特别早做准备。

李翔：从清华北大出来一个词叫“内卷”，你们是没有那么卷的，可以这么讲吗？

陈泽宁：卷也是有的，但我觉得可能卷得更有意义、更灵活一点。我觉得内地没办法，人太多了。香港这边，比如说你想读英国或美国的研究生，你拿着你的学业成绩，你的 GRE 成绩，写一封申请信，找教授要推荐信，准备一下面试，就可以直接去申请了。它没有一个统一的、需要做很久准备的考试，只涉及面试、自我陈述，各方面都更加灵活。我觉得整个流程可以更好地反映一个人的综合实力。

李翔：你的父母怎么看你延毕这个选择呢？你们会有讨论吗？

陈泽宁：肯定会有，他们是想我一口气读到底。但像我之前说的，我和他们是朋友关系，他们没有特别强制我一定走他们选择的路，他们尊重我的每一个选择。而且延毕在香港来说其实挺常见的，几乎每一届都有三分之一的内地学生会选择延毕。要不你中途参加了一年的实习，要不就是你出去交换了一年，要不就是你想多学点东西，多在这里待一阵。

他们也拗不过我，我现在不想读研，他们也拿我没有办法。而且正好延毕多读读书，说不定就找到了学术兴趣。我是真的没有找到一个读研的方向，我们理工科读研或者读博，一读就是要读一个非常具体的分支。比如信号传输中一个小的硬件或者软件设计的哪一块，选择了之后，你会把你未来两年的精力完全扑在那个很小的板块上。如果你未来不从事那个方向，这两年可能就没有太大的作用。所以我不想随便选择一个方向。他们也挺支持我这一点，让我多去看看。

李翔：你们专业的同学，毕业后典型的路径是什么样的？

陈泽宁：就拿比我大一届的学长举例子。对内地生来说，第一个是回内地的一些大厂上班，百度、腾讯、网易、华为。第二个就是继续深造，申请一些很好的学校，或者是留在本校。

李翔：我看你们学院内地招生的网页，举的例子基本都是到国外读书做科研，也有的在国外读完书之后，去国外的一个大厂工作，脸书、谷歌之类。

陈泽宁：也有。我之所以比较喜欢香港，就是它各种机会都很多，不会需要你很早做准备，如果想读研，你准备小半年差不多就可以了。

李翔：我跟内地一些应届生聊，如果想去类似阿里、腾讯、字节、美团这样的公司工作，他们需要从大一大二就去实习，去积累经验。

陈泽宁：我觉得对商科来说会这样。商科的同学未来想进大的投行，去一些很好的地方，需要很早去做实习。但是对工科来说，对实习的要求不是特别高，对技术的要求可能比较高一点。所以就好好读书，好好跟着教授做科研，到时候决定一条路，要走学术路就继续读；要走实际应用的路就直接申请一个大厂。我认识的同学没有那么早就做准备的。

李翔：你们这一届的同学，你刚才说会有三分之一选择延毕？

陈泽宁：差不多，尤其最近这段时间，由于各种因素的影响，本身很多同学就想再往后放一放，所以选择延毕的人越来越多。

李翔：选择找工作的压力会大吗？

陈泽宁：我感觉找工作的同学压力还挺大的。我室友是商科的，他从很早之前就有自己的规划，从大二开始，一年做了七份实习。当时正好是线上网课，他一边读书，一边做了七份实习，到大三就拿到了中金的offer，现在大四拿到正式的offer，是年入百万的很厉害的同学。

对于工科的同学来说，我不知道今年的情况会怎么样，因为今年正好遇到很多问题。前几年我看没有特别大的压力，你想读书就读书，你想工作，一般也能申请到比较好的公司，腾讯、网易什么的，都还不错的地方。

李翔：你没有尝试找过工作吗？

陈泽宁：我找过，也参加过一些实习面试，本身碰到的压力没有说特别大。但没有正式去找一个长期工作。

李翔：在你们同学看来，什么样的工作算是好工作呢？香港同学和内地同学对这个问题的理解会有不同吗？

陈泽宁：我觉得会有。内地同学可能要求更高一点，因为内地考来香港的，应该都是班级里成绩很好的。拿我认识的一些同学举例子，对于内地同学来说，商科第一份实习就要去四大，去名声很响的一些地方，未来选择长期工作的，要不就是一些知名大厂，要不就是一些赚钱很多的地方。但对于部分local 同学来说，他们前几份实习都是有的话就去，没有也行，本身并没有特别高的要求。他们应该一毕业都工作了，读研的很少。

李翔：你父母会对你的工作有什么规划和想象吗？他们希望你做什么？

陈泽宁：没有太具体地谈过，他们目前的目标还是说服我读研。

李翔：你们同学里面会有要考内地的公务员的吗？

陈泽宁：好像还真有，但是很少。

李翔：像你未来想要去创业，那你接触过一些创业公司吗？或者有没有去了解很多创业公司，看他们是怎么工作的，他们的模式是什么？

陈泽宁：有的。去年暑假我去了一家孵化器公司实习，跟了一个他们的创业团队。今年暑假准备去一家应用科技公司，也是一个半创业的公司。我找实习的话，都是往这方面去找。

李翔：在香港还是在内地？

陈泽宁：今年的在香港。去年的在北京，是一个专门投资创业公司的公司，算是孵化器，我在里面跟一个具体的项目。

李翔：你和你的同学，能接受创业公司特别辛苦的工作环境吗？

陈泽宁：我感觉香港这边，虽然机会多，但本身的工作强度就很大。拿金融圈举例子，我的室友从早上去工作，要到晚上一两点才能结束。他现在还只是一个实习生。在香港这边还挺常见的。

互联网和消费习惯

李翔：你平时通过什么样的渠道去看新闻和获取信息？

陈泽宁：看不同的信息有不同的渠道。一般来说，我们内地生跟内地应该没有什么太大区别，就是看微信公众号，看一些内地新闻媒体。如果想看香港的一些新闻，就看香港本地的新闻平台。

李翔：你们用得更多的还是微信，不是脸书、ins[①] 这些吗？

陈泽宁：也会用，它们更多是像朋友圈一样的平台，和国外同学交流可能会在那上面。

李翔：你自己用得比较多的手机 App 是什么？

陈泽宁：我个人用得最多的肯定还是微信。还有一个是用来和 local 同学聊天的，不是每天用，WhatsApp，香港版的微

① instagram 的简写，一款移动端图片分享社交应用程序。

信。ins 也用。

李翔：抖音和 TikTok 呢？你们用的是抖音还是 TikTok？

陈泽宁：TikTok 我本身不大用，用的话还是用抖音。

李翔：你会看综艺和追剧吗？

陈泽宁：闲的时候会。因为香港假期很多，一年中有半年是假期，到假期没事干，在宿舍待着也无聊，就刷刷剧。

李翔：你都看什么剧？

陈泽宁：这个就很随意了，一般像奈飞的剧，一些国外的片子，内地每年火的片子也都看，像《开端》《爱情公寓》之类的。看的东西和内地没有什么太大的区别。

李翔：在内地大家会讨论新国货，会有观点认为，年轻人对国货品牌的好感度，可能要比像我这么大的人高很多，你了解的情况是这样的吗？

陈泽宁：真的吗？这个词我还是第一次听说。新国货指的是一些新的国产品牌吗？

之前有一个鞋的品牌捐款捐得比较多，被大家追捧，我知道这个事情。但对于我来说，没有什么特别大的影响，没有说一定要买国内品牌，也没有说一定要买国外品牌。

李翔：你自己有比较喜欢的消费品牌吗？

陈泽宁：没有。我除了游戏以外没有什么感受，对生活水平没有什么太高的要求。

李翔：你是重度的游戏爱好者吗？

陈泽宁：也不算，算是比较爱打游戏，也是没事才打。

李翔：你打什么游戏？

陈泽宁：像大家都打的《英雄联盟》，还有一些 Steam① 上的主机游戏都打，打得很杂，更多是消磨时间。

李翔：像《原神》这样的游戏你玩吗？

陈泽宁：知道，但没玩过。

李翔：号称是中国游戏公司的骄傲。

陈泽宁：我没有玩过。但是感觉国内外游戏的模式差别很大，像国外的游戏，Steam 上的游戏，都是一次性买断的，买断之后想玩什么就玩什么。但是国内的游戏，包括一些国内代理商代理的，你可以无限充钱充下去。（笑）

李翔：你怎么看类似阿里巴巴、腾讯、美团、字节跳动、拼多多这样的公司？

陈泽宁：我觉得这种公司本身能够存在，就是多样性的代表。能够把自己的一些想法应用到实际中，并且真实改变了大

① 著名游戏和软件平台。

家生活的公司，我觉得都是值得尊敬的，像移动支付、美团外卖，甚至滴滴打车。这是市场自己选择的，它能够被市场接受，就说明它真的起到了很大的作用。

李翔：你有自己的榜样吗，有这样的角色存在吗？

陈泽宁：也不能叫榜样，算是一个很想成为的人，就是埃隆·马斯克。

李翔：那你会关心他去收购推特这样的事吗？

陈泽宁：我不会特别关心他干了什么，只是说他做成了我自己很想做到的一些事情。我觉得他是一个很厉害的人，但没有特别把他当作 idol（偶像）来看。

改变

李翔：你有没有看 2020 年一个公司做的宣传片《后浪》?

陈泽宁：看过。

李翔：你当时是什么感觉?

陈泽宁：感觉还挺燃的，还在朋友圈转发了。当时那个刷屏刷得挺多，大家都在自发地转。但是我本身对于这种渲染起来的自豪感，无论是民族自豪感还是身份自豪感，没有太大的共情。

李翔：确实有一种观察，或者说观点，会认为，现在的 00 后、年轻人，可能对于国家的情感和态度，跟之前 80 后、70 后是不同的，民族自豪感特别强。就你的观察而言，这是真实的吗，还是也是渲染出来的?

陈泽宁：可能环境不一样。我感觉我身边的人，都是更加有独立思想的，对于各种渲染，不会一窝蜂地去听，也不会一窝蜂地被煽情到。如果你真的能够达到我心中的预期，我就支持你；如果你达不到预期，我会很生气。

李翔：除了刚才讲的埃隆·马斯克，像艺人、明星或者作家，有自己喜欢的吗？

陈泽宁：从小就喜欢周杰伦的歌，其他的没有什么。

李翔：你平时会读社科类的书吗？文学、历史之类的？

陈泽宁：我对这方面的兴趣不太浓。理工男。

李翔：从你自己的体会来讲，疫情中你们很长时间只能上网课，像这种经历，对这一届的学生，整体的影响会很大吗？

陈泽宁：我觉得要从两个方面讲。一方面，对我们的专业能力，肯定会有一定的影响。像我们理工科很注重实际操作，比如说要经常去实验室，这方面就没有之前毕业的学长那么好。但另一方面，我现在还挺庆幸我生活在这个年代，大学普普通通读四年，跟所有人都一样，也没有什么意思，刚好在香港看到了这么多东西，又干了些杂七杂八的事情，虽然不知道有没有用，但是很值得回忆。

李翔：而且应该对很多事情的看法都有一些影响。

陈泽宁：对，对我自身的看法影响很大。

刘欣怡·陕西科技大学

自我介绍：

刘欣怡，毕业于陕西科技大学工业工程专业。大学四年尝试过社群运营、视频剪辑等不同的工作。兴趣爱好有舞蹈、视频制作（vlog）、旅游、探店等。对未来的规划呢，坦白说，曾经的我非常焦虑未来的发展，但客观的现实已经没有办法改变了。现在大概清楚了自己未来最不好是什么样子，反而更加有勇气去体验不同的职业和不同的生活方式，游荡于旧山河和未知的宇宙间，探寻生活的另一种可能性。

（自我介绍由受访者本人撰写）

宝鸡姑娘刘欣怡在位于西安的陕西科技大学读工业工程专业。

大三那年，她参加学校安排的在陕汽[1]下属一家工厂的实习。这时候，她才发现她并不喜欢她的专业可能会带给她的未来。尽管如果愿意，她并不难找到一份包吃包住、刚毕业就能拿到七千块左右月薪的工作，但这意味着她的工作环境是工厂的流水线，即便戴着耳塞也能听到噪音，而日常打交道的对象则是流水线上的工人。这不是她想要的未来。

大二下学期因为疫情在家上网课时，她已经通过互联网认识到了外面其实有一个更大的世界。她参与过一个 B 站 UP 主[2]的工作室创业项目，喜欢跳舞和塔罗牌，也是小红书和 B 站的忠实用户和内容创作者。所有这些事情看上去都要比在工厂流水线上优化工作流程更有趣。

她本来可能拿到一家知名咨询公司的实习机会。但是，疫情让她没有办法到上海实习，学校首先就不愿意让学生离开校园。而西安本地并没有太多互联网公司和咨询公司的工作机会可供选择。

---

① 陕西汽车控股集团有限公司。

② 指在视频网站、论坛、ftp 站点上传视频和音频文件的人。

于是，她选择了考研。她希望能换一个学校，也换一个自己更喜欢的专业。不过，因为准备仓促，这一次她没有成功。尽管如此，她并不打算放弃。因为她已经知道了自己想要什么。过早地向现实世界投降，在她那里还没有成为一个选项。

工厂实习

李翔：你大三基本是在工厂实习，是吗？

刘欣怡：其实只是去实习了一段时间，一个月。

李翔：一周需要去几天？实习的状态大概是什么样子？

刘欣怡：一直在那边待着。我们当时是5月1号放假，收假回来后就去了工厂。这个实习不是自己找的，是学校统一安排的，类似于一门课一样，要去修够那个学分，是必须去的。我们学校在西安，因为疫情也不敢跑远，去的是宝鸡岐山一个叫汉德车桥的公司，是陕汽的一个子公司。当时是实习到了5月底，算下来应该是三周的时间。每周周一到周五去工厂实习，周六老师带着到周围转一转，周天可以自己安排。

在工厂工作就是从早到晚。我们在他们的新厂实习，离住的地方比较远，所以中午不回去，回去也不方便。就是早上八九点过去，工厂会有食堂，吃个饭，然后就去做自己的任务，中午也是在那边吃饭，下午做完任务就回去。住的话是统一安排的员工宿舍，基本是四人间。

李翔：相当于你们需要离开学校，从西安去宝鸡待一个月？

刘欣怡：是的。

李翔：你们在工厂具体做什么样的工作？

刘欣怡：具体工作的话，每个小组会给安排一个任务，都不一样。我们组负责测时和优化。测时就是记录工人加工每一个工件、大的部件所需要的时间。因为有时候工人可能会因为一些不正规的操作耽误一点加工时间，影响整体的效率。我们组的工作就是记录这个流程的时间，看看有哪些东西是需要优化的，给他们规范操作流程之类的，看怎样才能让它的时间缩短一点。

李翔：这种测时真的需要自己拿着秒表去测？

刘欣怡：是的。当时就是站在产线的旁边，看工人每道工序做了什么，给他记录时间，一直在那儿站着，盯他盯一两个小时，或者是一早上。

李翔：所以你们是需要跟工人一起工作的，是吗？

刘欣怡：是跟他们的工程师一起工作，会有工程师带我们。工人是在产线上工作。我们相当于是给他们计时。也可以理解为跟工人一起工作，但是工作内容不同。

李翔：这个实习是你们工业工程专业每一届学生都会有

的，是吗？

刘欣怡：是的。只是去的地方不一样。得看每年专业教研室的安排，和他们能联系到的工厂。

李翔：这样的实习对你们之后的工作有用吗？

刘欣怡：如果从事本专业的话，是有用的，可以提前熟悉一下工厂的环境和你要做的一些东西。但是制造业也分重加工和轻加工，可能工作内容也是有点差距的。如果不想从事本专业，我个人感觉用处其实没有那么大。

毕业工作

李翔：你们班有多少同学？

刘欣怡：二十五个。

李翔：男女比例呢？

刘欣怡：1∶1吧。

李翔：你刚才讲，之后如果从事本专业工作的话，这种实习经历可能会有用。往届也是二十到三十个同学，里面有多少人会去从事本专业的工作？

刘欣怡：据我所知，能签到别的行业的其实蛮少的，大家都会去制造业。比如，我们这一届有去海康威视[①]、比亚迪的，差不多是这种公司。上一届有人去顾家家居之类的公司，其实还是制造业。前几年有一个学长签到一个互联网公司，应该是阿里巴巴，但是属于极少数。

---

① 国内领先的安防监控设备公司。

李翔：你们班同学找工作的情况怎么样？大部分人是找工作，还是考研究生，还是其他什么？

刘欣怡：我们班的话，差不多一半是找工作，找的都是本专业的工作。考公务员的只有一个人。考研的挺多的。

李翔：相当于剩下的一半都考研？

刘欣怡：对，除了一个考公的，剩下的都是考研的。

李翔：为什么会有这么多考研的？

刘欣怡：分两种情况吧。一种是像我和我们隔壁宿舍的一个女生，不想下工厂，想跳出这个环境；另一种就是单纯地想继续读书，还不太想工作。

李翔：你们选择这个专业的时候，尤其女生选择这个专业的时候，会预计到自己将来的职业路径就是跟工厂相关的吗？

刘欣怡：我们这个专业 2018 年招生的时候，大类的名字叫物流管理与工程，在大二专业分流，会分为工业工程和物流工程这两个方向。当时大家其实都不太了解具体的工作到底是什么。老师会来给你介绍专业，觉得哪个比较好就去哪个。工业工程这边，可能是因为当时老师对于就业前景的描述实在太好了，报名的人很多。但是，到大三之后才发现这个专业没有自己想象的那么好。反倒是一些选择了物流专业的同学，感觉发展很好。

李翔：当时老师是怎么讲的，为什么那么吸引人？

刘欣怡：说是薪资高，以后去到公司的发展也很好。描述了一些很高大上的企业。他们居然把咨询公司也列进了就业去向。当时就是因为受到咨询公司这种说法的吸引，所以我比较坚定地选择了工业工程。

李翔：那对于你们专业的同学而言，大家会认为什么样的工作就是好工作？

刘欣怡：很直白地讲，包吃包住、五险一金都给你交上，钱多，没有别的了。我们在宿舍大家讨论工作的时候，会觉得这种就挺好的。

李翔：公司到你们学校招聘时，什么样的会比较受欢迎？

刘欣怡：只针对我们这个专业来说，海康威视、比亚迪，这种比较受欢迎。我感觉大同小异，都是去工厂，顶多是薪资待遇不一样。感觉大家找工作也就是看薪资，因为基本上工厂都是会给你包吃包住的。

李翔：多少钱算是一个比较高的薪水？大家的预期是什么样的？

刘欣怡：七千以上吧，六七千差不多。

李翔：往届也是这样吗？

刘欣怡：往届我不太清楚，但是我认识的学长也就是七千左右的样子。有一个叫牧原[①]的公司，养猪的，当时来我们专业招，给的待遇是很好的。但是这一届我了解到的没有人去，大概大家知道是养猪，所以不想去。

李翔：牧原属于专业对口吗？

刘欣怡：算是对口吧。感觉制造业的工厂都要我们工业工程这个专业的毕业生。但很有意思的一点是，这个专业在我们学校已经被撤销了，所以可能这一届进来的新生，已经没有工业工程这个专业的了。

李翔：为什么呢？学校解释过吗？

刘欣怡：没有，只是告诉你它被撤销了。

---

① 牧原集团是总部位于河南省南阳市的一家养殖业公司，旗下的牧原食品是一家 A 股上市公司，市值超过 2500 亿元。

考研和互联网

李翔：你打算考研究生，是吗？什么时候决定考研的呢？

刘欣怡：大三吧。当时考虑过去国外读书，但因为疫情，包括其他的因素，就暂时搁置了，就想读个硕士，先在国内考一下。当时考虑过读本专业，但是自从大三生产实习完之后，我就已经很坚定自己不会读本专业了。

李翔：是吗？实习时到底发生了什么，让你主意改变得这么大？

刘欣怡：那个环境的确不是我想要的。当时想过就业，我们这个专业在我们学校来讲，薪资已经算是比较靠前的了，但是自从体验了之后，就觉得这种环境不是自己想要的。我就打算考研，换专业。

李翔：你在实习之前对这种工作的想法是什么样的？

刘欣怡：实习之前其实不知道它是要去工厂的，真的不知道。大家在闲聊的时候说，我们专业考研，考的是 199 管理类[①]的，考的东西比较少，竞争也没有会计那么激烈，好考一点。但是我害怕以后这个工作环境，可能天花板就是做到厂长了，也不好往别处跳。实习了之后，会感觉这个工作很无聊，不能带给我想要的预期。包括接触的人、事、环境，都不是自己想要的，所以就想着换一下吧。

李翔：因为我没有像你那样的实习经历，有点难以体会到，比如它具体是什么样的环境，接触什么样的人，为什么会让你有这么大的改变？

刘欣怡：环境的话，网上应该能找到那种工厂的图片，大概都是那样的。因为去的是生产车桥的工厂，噪声非常非常大，戴着耳塞都能听到声音很大。平时也都是穿他们的那种工作服，每天在产线上转悠。接触到的人就是一些工人，年轻一点的工人基本是职业技术学院出来的，不怎么沟通；老一点的工人会偶尔跟你聊上两句。但可能大家的认知不在一个层面上吧。

李翔：你跟你的父母沟通过这些事情吗？

刘欣怡：说过，我当时就跟他们说了，我宁愿没有工作都不想去工厂。可能因为我还没有接受过社会的毒打吧，对于多种可能性的生活会有憧憬和向往，想多去尝试一下。而且我觉

① 指管理类专业学位硕士研究生考试，科目编号是 199。

得这个工作对我来说有点枯燥和乏味，如果我去做这个工作，估计做的时间也不会长久。我希望可以在 30 岁前多“折腾”一下，如果足够幸运，希望可以找到一份自己热爱且收入可观的事业。

李翔：他们是什么反应？

刘欣怡：他们对我这方面一直要求不是很高。我跟他们说这个事情的时候，可能因为我态度比较强烈，他们没怎么干预。

我爸妈比较希望我毕业后就回家工作，想法是女孩子就安安稳稳的，找一个像样的工作，家里能帮到你的都给你弄上。他们对工作不挑，意思就是安稳一点比较好。

李翔：但你自己应该不是很想回老家去工作，对吗？

刘欣怡：对。因为宝鸡这个地方生活节奏挺慢的，相对来说比较安稳，而且我在这边待了二十多年，说实话很想出去看一看走一走。可能因为我比较喜欢自由的感觉和新鲜的事物，想在现在有精力的时候多去试试。或许，在未来的某一天折腾不动了，回宝鸡过过悠闲的日子也是不错的选择。

李翔：他们会不会提出什么意见，或者给出一些明确的选项，去帮你做选择，类似这样的？

刘欣怡：不会。他们不会过多干预，因为我也不希望他们干预。每次讨论到这个话题的时候，我就会及时停止。因为我知道他们要跟我说什么，所以我就跳过这个话题，会说不要说这个话题了。

李翔：因为你知道他们要说的，可能就是让你回老家，找个安稳的工作，类似这样的。

刘欣怡：对，要么就是留在西安，找一个稳定的工作，离爸爸妈妈近一点，好照顾你之类的。

李翔：实习过程中间，包括实习完之后，大家会讨论这样的问题吗，比如喜不喜欢工厂？女生应该会讨论吧？

刘欣怡：我还真没怎么听过她们讨论，基本会说以后下工厂就不能穿自己漂亮的小裙子了，得在学校多穿一穿。

李翔：那就是说，大家还是会把它作为一个默认的选项？

刘欣怡：对。

李翔：所以在你们同学里面，有像你这样想法的人算是比较少的，是吗？

刘欣怡：是的，像我这种挺少的。我们专业找工作的基本都是去工厂，也挺默认这种出路的。因为，从薪资待遇来说还是可以的，包吃包住，钱也能给到位，五险一金都交上，大家觉得挺好的。

李翔： 大家找工作也都还挺顺利的，是吗？

刘欣怡： 是的，除了我。

李翔： 你有试着去找吗？

刘欣怡： 有啊。我投得挺多的，投了一些大厂，但是可能简历关没过，可能是因为学校背景的问题。昨天去了学校的一个双选会，我看了几家，打算把简历给他们发一下。我想去的几个岗位都会觉得我这个专业不是很对口，他们都问到了我这个问题。

李翔： 你们专业一般从什么时候开始准备找工作？

刘欣怡： 秋招，我周围的同学没有过早实习的意识。大三他们可能会找一些暑期的实习，但基本上都是大四上学期秋招那段时间去投简历。我感觉他们进度挺快的。

李翔： 进度？

刘欣怡： 对，面了一次两次，就定下来了，三方一签，然后就没啥事了。都挺快的。

李翔： 你找工作的时候，具体会投什么样的岗位？什么样的公司？

刘欣怡： 我投了视频制作，还有运营类的多一点。

李翔： 就是互联网大厂的？

刘欣怡：是。

李翔：他们会到你们学校去招聘吗？

刘欣怡：不会。

李翔：那你是怎么知道这些信息的？

刘欣怡：有专门发布实习信息的微信群。秋招的时候他们也会发，包括之前在一家小公司远程实习的时候也会接触到这些，就想投一下。

李翔：你之前想过到其他城市去，提前做一些实习，熟悉这些互联网公司吗？

刘欣怡：想过，但是因为疫情被拦住了，没办法到那些真正的大厂里面去。

职业规划

李翔：你想过考公务员吗？

刘欣怡：没有。我觉得太稳定了，可能不是我想要的。

李翔：你父母建议你考公务员吗？

刘欣怡：建议，非常建议。我妈就老想让我考公务员。但我比较爱自由，喜欢做一些有意思的事情，所以觉得这种工作太稳定了，目前来说不太适合我。

李翔：你也是这么跟他们讲的吗？

刘欣怡：是的。

李翔：他们也拿你没办法，对吗？

刘欣怡：对。有时候他们觉得我太有自己的想法了，对我会有点头疼，但是他们也觉得管不住我了，所以不会过分干涉。

李翔：你决定考研究生，是怎么决定选什么专业的？考本校还是外校？

刘欣怡：因为本科选了一个不是很喜欢的专业、不是很喜欢的学校，所以还是想冲一下名校。我自己有名校情结。专业的话，想读一个自己感兴趣一点的。之前选了国际商务。

李翔：你跟父母会讨论什么问题？是类似于朋友的关系，还是会有一点距离感？

刘欣怡：有距离感，因为做不到成为朋友。他们的思想还是比较老派一点的。我爸这个人不喜欢讲话，比较实诚。

李翔：你们同宿舍同学之间会讨论什么问题吗？大家聊得比较多的是什么？

刘欣怡：就是聊八卦，要么就是聊她们的男朋友。我们宿舍现在六个人，大四没有课，都出去玩了。

李翔：大家会讨论对未来的规划这样的问题吗？

刘欣怡：不会，我没见她们讨论过，顶多会讲一下她们的公司、工作待遇。其他规划我没有听过。

李翔：你自己有比较明确的规划吗，大学期间？

刘欣怡：大学期间其实有过。大一想的是多体验一下校园生活，所以当时我报了挺多的社团，还参加辩论队，竞选团支书，干的活挺多的。但是大一下来之后，感觉精力不是那么够，所以有些就退掉了，只保留了自己比较有兴趣的事情。比如团支书，比较繁琐，大一做得太忙了，就不继续做了。保留下来的是辩论队的副队长，继续带着辩论队打比赛，还有我们学校的英语社团，我在里面做宣传部部长。

大二下学期因为疫情在家，误打误撞进了一个在线上做职前教育[①]的小公司，学到了很多，然后大三就想着找找机会实习什么的，实习之后就准备考研了。

李翔：考研不太成功，是吗？

刘欣怡：是的。

李翔：那现在是什么想法呢？要继续找工作吗？你们可以延毕吗？

刘欣怡：关于未来，我还是想多去探索和尝试一下不同的可能性。有的时候觉得选择比努力重要，就像高中分科时选择了大家普遍都选择的理科，但是最终发现自己并不适合学理科。其实也会觉得，如果去走一条自己想走却不那么容易的道路蛮辛苦的，但还是希望可以在有精力的时候做一些自己不后悔的事情，无论结果是什么，自己为自己的选择买单，不抱怨，不后悔。

可以延毕，好像比较麻烦，我没问。他们说延毕对后面找工作影响挺大的。坦白说我还是想读一个硕士，学一个自己喜欢的东西。读书的话就两条路，一个是国内，一个是国外。国

① 指针对毕业生就业进行的培训。

外疫情，加上学费比较贵，如果选国外的话，我应该会先工作一两年，攒一点学费之类的，然后再去读书。国内的话可能还是要换个专业。但是到底选哪个还在想。大概会再考一次。

李翔： 像这种犹豫，你会跟什么人商量吗？

刘欣怡： 不会。

李翔： 父母也不会吗？

刘欣怡： 跟他们讲过。现在对他们来说，我已经是管不住的孩子了，自己的想法会多一点。周围同学，关系好的说过一两次，但是这个话题讨论起来有时候会让人有点压抑，大家就会避免讨论，只说一些开心的事情。

我有时候会纠结一下到底该怎么走之类的，但不太会把这种我认为会带来负面情绪的东西传递给别人。如果真的很焦虑的话，会跟关系特别好的朋友说。比如有一次晚上在朋友宿舍聊天，她们宿舍的人都找到工作了，还有一个女生去读了研究生。我当时就想，我坚持不找本专业的工作，这种坚持到底对不对。聊了很久，朋友就跟我说，你不愿意干的话，也会很迷茫，很难过。满足感其实来得晚一点也没有关系，还是要多去尝试一下，根据自己的意愿去尝试。

李翔： 你们宿舍六个同学，有四个都是直接去工作了，有两个是考研了，是吗？

刘欣怡： 是的。

其他实习经历

李翔：在你现在的规划里面，理想状态下，想做什么样的工作呢？

刘欣怡：主业我希望是比如互联网公司这种体面一点的工作。副业的话，是想着自己把自媒体做起来，做短视频、拍照片之类的。其他的时间是想研究一些烘焙，做小蛋糕什么的，还挺有意思的。

李翔：西安本地互联网公司很少吗？

刘欣怡：我感觉不是很多，西安这边实习的机会也没有多少。西安有字节跳动的分公司，但可能规模小一点，工作机会也少一些。

李翔：但是如果到互联网公司工作的话，你可能会非常非常忙，导致没有办法做自媒体和烘焙。

刘欣怡：不会啊，我觉得时间这种东西可以挤。看状态吧。我觉得有时候忙一点挺好的。像现在突然闲下来，感觉就没有动力，我不喜欢这种状态。

李翔：互联网公司之前不都是996，甚至工作更长时间吗？你不排斥这么长的工作时间？

刘欣怡：我觉得看工作内容吧，我对于我感兴趣的东西就会很投入，之前剪视频能剪到凌晨三四点，也不会觉得困、觉得累。有时候做一些自己没兴趣的，就不想干。

李翔：你提到你曾经跟UP主一起工作过，是实习吗？

刘欣怡：算是一起创业。这个挺巧的，当时这个UP主是我一个网友推给我的。她是在香港的英语老师，之前会分享一些英语知识，大家都还蛮喜欢的，就拉了一个群。拉了群之后，那天在群里讨论，聊起一个东西，就说我们一起做一个工作室吧。她就加了我，我们几个就成立了一个工作室，后面又注册了公司。当时是负责帮她弄海报、写宣传文案、剪视频，是大二下学期的时候。后来因为回学校，牵扯到考试，比较忙，暂时就不能做了。

李翔：当时是通过网络来协同的吗？

刘欣怡：对，网络，大家都是网友。我本来自己也会加入一些微信群，会很开心地跟大家讨论一些东西。

工作室的话，因为我们好几个人都是学生，有学业的事情要忙，有一个已经上班的姐姐管得多一点。后来慢慢就模式化了，比如刚开始会在钉钉上面协作，现在已经固定在小鹅通上，会有一个人专门负责做海报，我们其他人用处就没有那么大了。

李翔：你考虑过自己做一个工作室吗？

刘欣怡：我还蛮想通过自媒体这种方式变现的。做工作室的话，目前还没有打算，这个需要投入一定的成本，并且我的自媒体目前也没做起来。

李翔：你在大学里面，像这种工作的经历多吗？

刘欣怡：一个是这个工作室，另一个是在一家也是小型创业公司做实习。那家公司提供的主要产品和服务，就是帮助大学生找实习工作。都是大二下学期，因为疫情在家的时候。到那家公司实习，最开始也是机缘巧合。因为我在群里很活跃，他们就问我，你愿不愿意加入进来，简单跟我说了一下这家创业公司是做什么的。我觉得挺有意思的，就加入了，

李翔：你还做过其他实习吗？

刘欣怡：投过一些，但都沉掉了，因为第一份实习很难找。而且这个专业挺受限制的，很多实习都要经济、金融相关的，或者是新闻传播的。工业工程这个专业在大家的意识里，就是跟机器打交道的。

当时找了一个美世人力资源[①]的实习，在上海，他们让我线下去面试。但是有疫情，学校拦你，不让去，就没有办法了。还有一个是西安的字节，二面的时候，面了没几分钟，就说我们这块需求不是很大，pass（淘汰）掉了。

① 美世咨询公司，全球最大的人力资源管理咨询机构。

疫情的影响

李翔：疫情对你们上课有多大影响?

刘欣怡：这四年里，大二下学期疫情严重之后，一直没有回学校，全都是上网课。大三好一点。大四的话，因为本身也没有什么课，虽然好几次因为疫情停止线下教学，对我的影响倒没有那么大。

李翔：西安疫情的时候，你是在学校还是在家?

刘欣怡：在学校。西安疫情严重，也就是去年 12 月份，一直延续到今年 1 月。

李翔：那段时间你们是怎么度过的?会很难吗?

刘欣怡：还好。我们学校可能比较幸运，校内没有感染的同学，还能稍微好一点，影响没有特别大。只是最严重的时候，每天三餐只允许一个人出去给大家带饭。其他的倒没有影响。

李翔：但是当时你们能看到很多新闻，是吗？

刘欣怡：是的。每天看着确诊人数增加其实挺揪心的，因为病毒传染性强，也会担心自己周围会不会有人确诊。

李翔：大家会讨论吗？

刘欣怡：会，因为去年 12 月底西安疫情很严重的时候，也是快考研的时候，有很多人报的是西安本市的学校，那就意味着要去那个学校对应的考点考试，所以出去要做核酸，包括考研能不能延期之类的，都在讨论。互联网上也是铺天盖地的讨论。当时好几次都冲上热搜了，就是考研的事情，议论得很多。我因为是考外地的学校，所以是在本校考。

李翔：当时西安的疫情，还有现在上海的疫情，会有很多新闻出来，同学之间会讨论、转发这些东西吗？

刘欣怡：转发倒不会，但是会讨论一些。

李翔：为什么不会转发呢？

刘欣怡：我们宿舍不喜欢转这种东西。大家朋友圈发的都是自己的日常生活，自拍啊什么的。这种东西只会私下讨论一下，讨论得也不是很多。

互联网内容及消费习惯

李翔：很少发朋友圈的话，大家主要怎么讨论呢？用微博？QQ？

刘欣怡：在宿舍里说一下。QQ 不常用了。我们是大二重组的宿舍，大家没有互关微博，但宿舍有一个抖音群，看到有意思的视频会发到里面，会艾特人，但不会讨论太多。

李翔：所以你们用抖音很多？

刘欣怡：大家偶尔会刷抖音打发时间。我可能少一点。

李翔：你平时会通过什么样的渠道看新闻，看内容？

刘欣怡：微博、B 站、小红书，有时候看一些公众号，基本就是这些。

李翔：你的朋友圈，包括微博上，大家会因为一些公众话题的讨论而比较分裂吗？

刘欣怡：没有。

李翔：不会站队？

刘欣怡：对，我朋友圈基本没有这些东西。微博可能就是关注了好朋友，发发照片。我也不想去发表什么引发争论。

李翔：你看过B站那个广告片《后浪》吗?

刘欣怡：我看过，但没有转。当时第一朋友圈转的人挺多的，第二说得是挺燃的，让人很有动力，但是我个人感觉它不一定适用于所有人，只是那个气氛烘托到了。有点偏励志、偏鸡汤，后来不会看这种东西。

李翔：你在B站上主要刷什么内容?

刘欣怡：挺杂的，最近喜欢看纪录片，关于旅行的纪录片。有时候看一些做饭、做面包的小视频。我玩塔罗牌，大二疫情的时候，入了一副牌，慢慢开始研究，所以有时候也会看一些所谓的占卜视频。

李翔：看综艺和追剧吗?

刘欣怡：追剧，但追得不是很多，因为感觉现在有些片子拍得不是很对我的胃口，可能看到一半就弃掉。综艺看得也没有那么多。我看的不是国内的综艺，最近看的是*Jessica & Krystal*①，是我喜欢的一个idol的旅行和生活节目。电视剧的

① 美国韩裔姐妹花艺人郑秀妍与郑秀晶出演的综艺节目，拍摄两个人的家庭生活、户外活动、工作等。Jessica和Krystal分别是两个人的英文名字。

话，我最近无聊的时候会看一些比较老的片子，比如港剧《读心神探》《谈情说案》，内地的话就是《神探狄仁杰》《刁蛮公主》。

李翔：通过什么平台？B 站，还是什么？

刘欣怡：B 站，或者百度云盘。

李翔：不用爱奇艺、腾讯视频？

刘欣怡：不用。

李翔：为什么呢？

刘欣怡：我觉得太麻烦了，有的要充会员，还要下软件，占内存太大了，我怕我手机内存太满。所以一般就是百度云，也挺方便的，能找到资源就看。

李翔：所以都是在手机上看吗？

刘欣怡：也在平板电脑上看。

李翔：你会因为追剧而充会员吗？

刘欣怡：不会。而且我追剧追得也不多，包括在网上呼声很高的电视剧，可能当下也不会去看。我不是很感兴趣。

李翔：类似《人世间》这样的呢？

刘欣怡：没看过。我对于很热门的电视剧好像没有特别高的热情。

李翔：大学期间看书看得多吗？

刘欣怡：我会看，但是可能没有那么多，因为有时候找不到自己感兴趣的，有的书看着看着就感觉也没什么，就不想看了。

李翔：你感兴趣的方向大概是什么样的？

刘欣怡：我比较想了解一下欧洲的历史，包括当时的王室家族之类的历史。或者看有点烧脑的、悬疑类的。或者看一些经济学的。再或者比如说短视频运营相关的。

李翔：你看短视频运营的书，是因为你想做短视频？

刘欣怡：对，因为想做短视频，会看如何打造爆款之类的书。

李翔：你自己做短视频吗？

刘欣怡：做，但还找不到感觉。

李翔：抖音吗？

刘欣怡：不是，抖音只是我用来发照片的，我不打算做抖音。可能是小红书和 B 站吧，目前还在找方向。感觉那种日常的弄起来没有意思，大家都差不多。想找一个方向，但一直找不到很有意思的切入点。之前我在 B 站发舞蹈视频，后来发一些日常的，但已经很久没有更新了，因为找不到灵感。

李翔：为什么你不去抖音做短视频呢？抖音不是流量更

大吗？

刘欣怡：大是大，但不知道为什么，我对抖音上的一些视频会有一点点排斥。可能我个人不是很喜欢所谓“擦边球”的视频内容，所以我的抖音可能只是用来发发照片或者记录生活吧。而且我自从加了宿舍抖音群以后，跟一些朋友互相关注了，也不太想让熟的人知道我在做这个东西。

李翔：感觉你是把抖音当朋友圈用了？

刘欣怡：差不多，放放照片什么的。

李翔：你想做 vlog，是因为你身边有人做得比较好吗，还是因为什么？

刘欣怡：我一直想去尝试自媒体这种东西，还蛮喜欢的，纯粹是因为自己的兴趣爱好。朋友有一个学妹做 vlog，有一次聊天的时候朋友说，其实你也可以做一下。也聊过这些。就打算自己去试一试、做一做。我周围的其他人好像没有做这个的。

李翔：她的 vlog 做得很成功吗？

刘欣怡：对，那个学妹已经有品牌方的赞助，每个月会有一些收入。

李翔：你自己有什么比较喜欢的艺人、明星、企业家、作家吗？

刘欣怡：艺人的话，我不追国内的。因为我喜欢跳舞，国内成体系的女团比较少，我可能会看国外的，就是韩国 idol 多一点。

李翔：比如呢？

刘欣怡：Krystal、Jessica① 啊，还有 BLACKPINK 这种女团会多一点。

李翔：你对商业，包括互联网，感兴趣吗？会关注哪些公司？

刘欣怡：感兴趣。小红书、字节、B 站。但感兴趣的点，目前可能在于我对那个工作并没有完全清楚的认知，大概是一种“朦胧美”。我觉得这个要多体会，才能进一步判断。之前因为进那家职前教育的小公司实习，也蛮关注咨询方面的东西。但我对企业家关注得没有那么多。我比较欣赏的是《令人心动的 offer》② 里面的徐律，我很喜欢这种女性，这种有能力的职业女性，可以靠自己的努力活成阳光的模样。

李翔：你有什么喜欢的品牌吗？

刘欣怡：迪奥，最近觉得三宅一生也挺好的，还有祖·玛珑。

---

① 二人都是以韩国女团成员身份出道的。

② 腾讯视频制作的职场类综艺节目。

李翔：你会买吗？

刘欣怡：买，但不会高频率地买，可能有时候很喜欢一款，就会买一个。考虑到自己现阶段的收入情况，偶尔买一下还是可以的，但是买太多不在自己的经济承受范围内。我觉得没必要因为这些提前透支自己的账户。

李翔：你们女生买化妆品会考虑完美日记吗？类似于这样的中国的品牌？

刘欣怡：买啊。我之前还挺喜欢完美日记的，但是现在感觉一般般了。

李翔：为什么？发生了什么？

刘欣怡：突然间觉得东西做得没那么好，不是很符合自己的预期。我大一、大二的时候特别喜欢买完美日记，但是后来就慢慢不买了，可能不同阶段喜欢的风格不一样。

李翔：你大一、大二时是怎么注意到这个品牌的？

刘欣怡：当时是跟朋友闲聊，大家会相互推荐自己觉得好用的东西，就会入手。我刚开始是在天猫、淘宝买，后来加了一个群，群里会有一些所谓大的优惠和折扣。

李翔：不买完美日记之后，转而偏爱谁了呢？

刘欣怡：倒没有很偏爱谁，可能现在也不是那么喜欢化妆了，而且感觉以后走上社会，还是会更加追求一些质感吧。因为已经 22 岁了，皮肤可能变得差了一些，好的化妆品不会给皮肤造成太大的伤害吧，所以比较注重品牌和质量了。

附录

Soul × 详谈 2022 大学生问卷调查报告

00 后的工作、消费与价值观

为了制作本期“详谈”，我们联合 Just So Soul 研究院在社交平台 Soul App 上进行了两轮随机抽样的问卷投放。最终收回有效问卷 4550 份，参与者为大学本科生、专科生以及研究生。在对用户画像进行精细化筛选之后，我们又单独就 2022 年的应届本科生做了一轮汇总，有效问卷共 455 份。

1. 毕业之后会去做什么?

[单选题]

全部回收问卷

选项	小计	比例
参加工作（非公务员）	652	34.9%
读研究生（在国内读书）	297	15.9%
自主创业	197	10.5%
没有找到工作，但持续在努力找	189	10.1%
其他	156	8.36%
Gap 一年，给自己更多时间考研 / 找工作 / 准备留学	146	7.82%
做公务员	143	7.66%
出国留学	62	3.32%
延迟毕业	24	1.29%
本题有效填写人次	1866	

2022 应届本科生

选项	小计	比例
参加工作（非公务员）	170	37.3%
读研究生（在国内读书）	76	16.7%
没有找到工作，但持续在努力找	61	13.4%
做公务员	45	9.89%
Gap 一年，给自己更多时间考研 / 找工作 / 准备留学	42	9.23%
自主创业	31	6.81%
其他	17	3.74%
出国留学	10	2.2%
延迟毕业	3	0.66%
本题有效填写人次	455	

大学生最普遍的选择依然是直接就业与在国内读研究生。因为疫情反复，2022 年应届本科生自主创业和出国留学的比例要显著低于全部回收问卷。正如我们前面说的那样，从把创业认认真真纳入职业规划考量，到几年之后选择求稳，问卷的确呈现出了这样的特征。全部回收问卷里面有约 10% 的人选择自主创业，这一比例排在了所有毕业选择的第三名。而 00 后应届生们排在第三名的选择则是“没有找到工作，但持续在努力找”。这并非他们身上具有不同的特质，或者他们接受了某种文化范式的转移，而更像是他们在特殊的时代背景下交出的一份无奈的答卷。

2. 你的同学普遍觉得什么是一份好工作?

[单选题]

全部回收问卷

选项	小计	比例
体制内的工作（如公务员、事业单位）	745	39.92%
互联网大厂（如腾讯、阿里、字节、百度等）	345	18.49%
世界五百强企业	214	11.47%
自主创业	185	9.91%
其他	176	9.43%
银行、投行、基金公司等金融机构及咨询公司	147	7.88%
做图文或视频类博主，成为一个网红	54	2.89%
本题有效填写人次	1866	

2022 应届本科生

选项	小计	比例
体制内的工作（如公务员、事业单位）	211	46.37%
互联网大厂（如腾讯、阿里、字节、百度等）	90	19.78%
世界五百强企业	45	9.89%
银行、投行、基金公司等金融机构及咨询公司	35	7.69%
其他	32	7.03%
自主创业	29	6.37%
做图文或视频类博主，成为一个网红	13	2.86%
本题有效填写人次	455	

同样呼应了求稳的是，被媒体普遍描述成“放荡不羁爱自由”的这一届本科毕业生，对于体制内的工作更加看重，几乎有接近一半填写问卷的应届本科生都把公务员等体制内工作看作最好的工作机会。而曾经让 00 后艳羡不已的视频博主和网红等工作，在两份问卷中均排名垫底。也就是说，没有多少人愿意把这个外表看似光鲜亮丽的工作当作自己的立身之本。此外，互联网大厂和世界五百强依然位列两份问卷投票的第二、三位，证明了它们依然是应届生们千军万马挤破头也要过的独木桥。

3. 毕业之后选择一份工作，你最看重的指标是哪些？

［多选题］

全部回收问卷

选项	小计	比例
赚钱更多	1622	45.13%
跟自己兴趣爱好相关	1256	34.95%
有机会学习新的技能	1189	33.08%
时间自由	1139	31.69%
能结交到更多人脉	1001	27.85%
和自己大学所学专业对口	781	21.73%
地理位置	775	21.56%
更加清晰的晋升路径	775	21.56%
成就感强	526	14.64%
直系老板的学历与工作背景	144	4.01%
其他	89	2.48%
本题有效填写人次	3594	

2022 应届本科生

选项	小计	比例
赚钱更多	227	49.89%
跟自己兴趣爱好相关	153	33.63%
时间自由	138	30.33%
有机会学习新的技能	136	29.89%
更加清晰的晋升路径	115	25.27%
地理位置	114	25.05%
能结交到更多人脉	107	23.52%
和自己大学所学专业对口	101	22.2%
成就感强	85	18.68%
直系老板的学历与工作背景	21	4.62%
其他	7	1.54%
本题有效填写人次	455	

在媒体舆论中，00 后这一代往往被描述成对成就感和职场环境要求更高。但是从问卷投票的结果来看，“赚钱更多”依然是最多人选择的第一标准。“跟自己的兴趣爱好相关”与“时间自由”是应届本科生的第二、第三选择。有趣的是，“赚钱更多”和“时间自由”在大部分情况下都是互相矛盾的。

4. 上大学之后，你一般从哪里获得实习和求职上的帮助？

[多选题]

全部回收问卷

选项	小计	比例
网络招聘软件（如BOSS 直聘）	1640	45.63%
学校的就业服务	1357	37.76%
同学及同龄好友	1234	34.34%
校友网络（如学长学姐）	1058	29.44%
家庭，尤其是父母的帮助	1032	28.71%
互联网上搜索到的信息（如微博、抖音）	910	25.32%
通过互联网（如微信群聊、Soul）认识的朋友	826	22.98%
其他	303	8.43%
本题有效填写人次	3594	

2022 应届本科生

选项	小计	比例
网络招聘软件（如BOSS直聘）	200	43.96%
学校的就业服务	187	41.1%
校友网络（如学长学姐）	165	36.26%
同学及同龄好友	146	32.09%
互联网上搜索到的信息（如微博、抖音）	129	28.35%
家庭，尤其是父母的帮助	124	27.25%
通过互联网（如微信群聊、Soul）认识的朋友	98	21.54%
其他	27	5.93%
本题有效填写人次	455	

问卷显示，只有不到 30% 的年轻人认为自己在求职的过程中从家庭获得了帮助。这种现象的出现，并非因为 00 后尚处于叛逆的青春期，而是因为时代的变化让父辈的经验越来越缺乏时效性和借鉴意义。网络招聘软件、学校的就业服务、校友网络和同龄好友等更多元的选择取代了过去的家庭建议。但鱼龙混杂、难以甄别真假的网络信息，也成了 00 后这一代找工作路上的一只拦路虎。

5. 你觉得下面哪些因素对找工作的帮助最大?

［多选题］

全部回收问卷

选项	小计	比例
实习经历	2332	64.89%
简历及面试过程中的技巧	2112	58.76%
专业对口程度	1855	51.61%
学校排名及名气	1229	34.2%
绩点（在校成绩）及综合测评	877	24.4%
校友网络	342	9.52%
其他	241	6.71%
本题有效填写人次	3594	

2022 应届本科生

选项	小计	比例
实习经历	283	62.2%
简历及面试过程中的技巧	268	58.9%
专业对口程度	230	50.55%
学校排名及名气	217	47.69%
绩点（在校成绩）及综合测评	98	21.54%
校友网络	56	12.31%
其他	17	3.74%
本题有效填写人次	455	

这道题赤裸裸地展现出了 00 后求职时承受的压力。有超过六成的应届生认为实习经历对找工作的帮助最大，而非学校名气、绩点这些。排在第二位的是“简历及面试过程中的技巧”，有接近 60% 的应届生选择了这个答案。内卷，最早是一个社会学术语，今天，很多高校的学生用其来指代非理性的内部竞争或“被自愿”竞争。在找工作时，面试技巧已经成为必备的就业竞争力，天南海北的应届生竞相在“套路”上付出更多努力，以争夺有限的 offer 名额。这种内耗，就像电影院一排接着一排站起来的观众，个体的“收益努力比”不断下降，最终导致了努力的“通货膨胀”：当简历与面试中的套路人尽皆知时，不懂套路的人很容易表现得不及格，但是懂套路的人也并不能从中受益。

6. 你如何看待“内卷”这个现象？

［单选题］

全部回收问卷

选项	小计	比例
很有体会，觉得自己被“卷”到了	1060	29.49%
讨厌，感觉这个词被滥用了	1010	28.1%
没有感觉，身边的人都不太内卷	788	21.93%
没有办法，只能跟着大家一起“卷”	736	20.48%
本题有效填写人次	3594	

2022 应届本科生

选项	小计	比例
讨厌，感觉这个词被滥用了	146	32.09%
很有体会，觉得自己被“卷”到了	138	30.33%
没有办法，只能跟着大家一起“卷”	87	19.12%
没有感觉，身边的人都不太内卷	84	18.46%
本题有效填写人次	455	

虽然从问卷投票的分析结果来看，00 后应届生的确正处于一个极其内卷的竞争场中。但关于“内卷”这个词的感觉，“很有体会，觉得自己被‘卷’到了”和“讨厌，感觉这个词被滥用了”在比例上相差无几。这一方面展现了 00 后对竞争压力异常清醒；另一方面又展现了很多应届生与年龄不相符的成熟，他们积极阳光，对竞争充满了信心。

7. 如果你的公司 / 单位出现了 996 加班现象，你会做什么选择?

[单选题]

全部回收问卷

选项	小计	比例
可以接受，如果薪资待遇足够好的话可以理解	2030	56.48%
很难接受，但找不到好的工作会忍一段时间	881	24.51%
完全接受不了，会主动辞职	521	14.5%
非常接受，很多公司都是这样，没什么好抱怨的	162	4.51%
本题有效填写人次	3594	

2022 应届本科生

选项	小计	比例
可以接受，如果薪资待遇足够好的话可以理解	234	51.43%
很难接受，但找不到好的工作会忍一段时间	136	29.89%
完全接受不了，会主动辞职	74	16.26%
非常接受，很多公司都是这样，没什么好抱怨的	11	2.42%
本题有效填写人次	455	

超过一半的应届生愿意为了薪资待遇接受 996，接近三成的应届生虽然觉得很难接受，但依然会忍一段时间，这些答案提醒着我们，所谓的“仲裁侠”和“00 后扫荡职场”很可能是为了迎合人们刻板印象的标题党新闻。区别于我们对 00 后的刻板形象，比如“小皇帝”、更加自我，大多数应届生都十分熟悉社交网络上对各种职场环境压力的描述。他们对于加班看似有很多怨言，但又表现出十足的韧性和耐受力。

8. 你一般会通过哪些渠道获取新闻？

［多选题］

全部回收问卷

选项	小计	比例
短视频平台（如抖音、快手等）	2313	50.84%
社交媒体平台（如微博、Soul 等）	1827	40.15%
新闻类 App（如今日头条、腾讯新闻等）	1529	33.6%
微信群聊、朋友圈	1419	31.19%
公众号文章	1118	24.57%
搜索引擎（如百度、搜狗等）	965	21.21%
小红书	543	11.93%
知识服务类 App（如得到、樊登读书等）	517	11.36%
问答社区（如知乎）	471	10.35%
报纸、期刊	424	9.32%
其他	163	3.58%
本题有效填写人次	4550	

2022 应届本科生

选项	小计	比例
短视频平台（如抖音、快手等）	198	43.52%
社交媒体平台（如微博、Soul 等）	187	41.1%
新闻类 App（如今日头条、腾讯新闻等）	150	32.97%
公众号文章	128	28.13%
微信群聊、朋友圈	120	26.37%
搜索引擎（如百度、搜狗等）	103	22.64%
知识服务类 App（如得到、樊登读书等）	64	14.07%
小红书	59	12.97%
问答社区（如知乎）	58	12.75%
报纸、期刊	42	9.23%
其他	13	2.86%
本题有效填写人次	455	

两组结果中，短视频平台、社交媒体平台和新闻类 App 都位列前三。在信息爆炸的时代，新闻消费的速度远远赶不上新闻生产的数量。速食阅读不仅成为年轻人获取信息的一种生活习惯，更逐渐形成了快速提取信息的能力。短视频通俗、易得，辅以大数据的精准性，往往让 00 后年轻人沉迷且不能自拔。但辩证来看，从哪里获取新闻本身没错，重要的是每个人自己的选择：你选择去获取什么新闻，你允许让什么样的思想或观念进入脑海。

9. 你业余时间最常采取的娱乐休闲方式是什么?

[多选题]

全部回收问卷

选项	小计	比例
在社交网络上冲浪（如刷微博、抖音、Soul等）	2710	59.56%
打游戏	2126	46.73%
听音乐	2104	46.24%
追剧、看综艺	1652	36.31%
体育运动	1104	24.26%
读书	954	20.97%
线下社交	947	20.81%
其他	229	5.03%
本题有效填写人次	4550	

2022 应届本科生

选项	小计	比例
在社交网络上冲浪（如刷微博、抖音、Soul 等）	273	60%
听音乐	203	44.62%
打游戏	199	43.74%
追剧、看综艺	188	41.32%
体育运动	110	24.18%
读书	95	20.88%
线下社交	91	20%
其他	14	3.08%
本题有效填写人次	455	

超过八成的 2022 应届本科毕业生选择在空闲时间通过社交网络冲浪来娱乐休闲，内容本身成了平台用户之间建立互动的最快捷方式。主动发出一条动态或者给别人点了一个赞，不仅仅是一次交互，也是人设的彰显与观点的表达。

00 后是真正意义上的第一代移动互联网原住民，排在前三名的都是基于移动互联网的娱乐形式：社交网络冲浪、听音乐和打游戏。

10. 你会因为一个产品是国货品牌 / 国潮 / 国漫，就对它更有好感吗？

［单选题］

全部回收问卷

选项	小计	比例
会有好感，但不会因此直接下单	2526	55.5%
会，而且好感很强烈，会因此而选择购买	1073	23.5%
不会，没有太多感觉	767	16.86%
完全不会，甚至还很反感，感觉是一种营销手段	184	4.04%
本题有效填写人次	4550	

2022 应届本科生

选项	小计	比例
会有好感，但不会因此直接下单	266	58.46%
会，而且好感很强烈，会因此而选择购买	96	21.1%
不会，没有太多感觉	73	16.04%
完全不会，甚至还很反感，感觉是一种营销手段	20	4.4%
本题有效填写人次	455	

随着国内消费市场的升级以及国民文化自信的增强，00 后这个群体对于国货品牌 / 国潮 / 国漫的消费偏好有了明显的提升。但克制、理性的 00 后依然占据了大半的比例，只有小部分的问卷回答选择会因此购买。

11. 你对离自己很远的国际大事（如芬兰申请加入北约、韩国总统换届、朝鲜发现新冠病例、俄乌战争等）感兴趣吗?

[单选题]

全部回收问卷

选项	小计	比例
还行，会看新闻，但不会拿来讨论	2181	47.93%
感兴趣，会偶尔跟身边的朋友讨论	1380	30.33%
非常感兴趣，会在朋友圈或者社交媒体上表达自己的观点	613	13.47%
完全不感兴趣，遇到相关的新闻会直接跳过	376	8.26%
本题有效填写人次	4550	

2022 应届本科生

选项	小计	比例
还行，会看新闻，但不会拿来讨论	187	41.1%
感兴趣，会偶尔跟身边的朋友讨论	171	37.58%
非常感兴趣，会在朋友圈或者社交媒体上表达自己的观点	65	14.29%
完全不感兴趣，遇到相关的新闻会直接跳过	32	7.03%
本题有效填写人次	455	

虽然这一代人有着几乎无限的连接世界的能力，每一个 00 后面前都堆着浩如烟海的信息碎片，但是好像很多人并不那么在乎远方，大部分的人并不会讨论国际大事。只有 14% 左右的应届本科生会选择在朋友圈或社交媒体上表达自己的观点。

12. 你如何看待上网课?

[单选题]

全部回收问卷

选项	小计	比例
不开心，觉得自己丧失了很多校园生活的体验	1179	32.8%
比较开心，能快速适应在家上网课的生活	892	24.82%
非常开心，感觉自己变得更加自由，例如不需要排队吃食堂、抢电梯，还能线上再做一份实习	659	18.34%
没有上过网课	610	16.97%
很生气，感觉自己的大学跟没读过一样，时间被浪费了	254	7.07%
本题有效填写人次	3594	

2022 应届本科生

选项	小计	比例
不开心，觉得自己丧失了很多校园生活的体验	180	39.56%
比较开心，能快速适应在家上网课的生活	156	34.29%
非常开心，感觉自己变得更加自由，例如不需要排队吃食堂、抢电梯，还能线上再做一份实习	76	16.7%
很牛气，感觉自己的大学跟没读过一样，时间被浪费了	28	6.15%
没有上过网课	15	3.3%
本题有效填写人次	455	

两份结果排名第一的选项都认为网课生活并不开心，觉得自己丧失了很多校园生活的体验。三年疫情下的校园生活，也许真的夺走了这一代 00 后的青春。同时，有趣的是，也有相当比例的应届本科生表示能快速适应在家上网课的生活，甚至非常开心，感觉自己变得更加自由。00 后这一代的乐观主义可能是他们身上与生俱来的重要特质。而这一点在本书受访的四位 00 后身上一次又一次地得到验证。

13. 疫情对你找工作影响大吗?

[单选题]

全部回收问卷

选项	小计	比例
比较大，但也不是完全没有机会	1344	37.4%
非常大，线上面试和实习经历的缺失让我很难找到一份满意的工作	824	22.93%
不太大，只是很多线下的面试和程序挪到了线上进行	760	21.15%
完全没有影响	426	11.85%
没有找过工作	240	6.68%
本题有效填写人次	3594	

2022 应届本科生

选项	小计	比例
比较大，但也不是完全没有机会	167	36.7%
非常大，线上面试和实习经历的缺失让我很难找到一份满意的工作	127	27.91%
不太大，只是很多线下的面试和程序挪到了线上进行	101	22.2%
完全没有影响	39	8.57%
没有找过工作	21	4.62%
本题有效填写人次	455	

疫情之下，找工作的压力陡增。但 00 后并非完全束手无策。这一代年轻人对于数字化的线上面试更加轻车熟路，适应能力更强。但坏消息是，疫情对应届生最大的冲击在于，它让很多二三线城市的学生失去了实习的机会。如果没有疫情，无论在哪座城市读书，他们都可以在全国范围内寻找一份满意的实习工作。但在老家上网课，这件事就一下子变得很难。不是他们能力不够，而是很多受欢迎的公司只会在总部所在的城市或重要城市招聘实习生。前面问题 5 的问卷结果显示，有超过 60% 的应届生认为实习经历对找工作的帮助是最大的。疫情，可能扼杀了很多二三线城市年轻才俊的大厂梦。

14. 你觉得疫情对你的人生轨迹影响大吗?

[单选题]

全部回收问卷

选项	小计	比例
很大，改变了我很多想法	1964	43.16%
还好，本质上没有太多影响	1326	29.14%
非常大，彻底改变了我的人生	1078	23.69%
几乎没有影响，和疫情前没什么区别	182	4%
本题有效填写人次	4550	

2022 应届本科生

选项	小计	比例
很大，改变了我很多想法	216	47.47%
还好，本质上没有太多影响	131	28.79%
非常大，彻底改变了我的人生	95	20.88%
几乎没有影响，和疫情前没什么区别	13	2.86%
本题有效填写人次	455	

接近一半的人认为疫情对自己的人生轨迹影响很大，改变了自己很多想法；而接近三成的人认为本质上没有太多影响；还有两成左右的人认为影响非常大，彻底改变了自己的人生。不知道很多年以后，如果把这道问题再次拿给这群填过问卷的年轻人，他们是不是会有一番新的感触。

问卷调查合作统筹及解读文字撰写：张英海。

参与问卷投放与回收的 Soul 团队工作人员：范莉、汤琪、梁笑、郁韶平、朱玉、孟莹莹、李博。

特别感谢极客公园创始人张鹏提供的帮助。

图书在版编目（CIP）数据

00 后 / 李翔著 . -- 北京：新星出版社，2022.7

（详谈）

ISBN 978-7-5133-4976-5

Ⅰ. ① 0… Ⅱ. ①李… Ⅲ. ①大学生－毕业生－访问记－中国－现代 Ⅳ. ① K828.4

中国版本图书馆 CIP 数据核字（2022）第 111142 号

详谈

00 后

李翔 著

责任编辑：白华召
策划编辑：张慧哲 田 迅
营销编辑：吴雨靖 wuyujing@luojilab.com
封面设计：李 岩 柏拉图
插　　画：贺大磊
版式设计：仙境设计
责任印制：李珊珊

出版发行：新星出版社
出 版 人：马汝军
社　　址：北京市西城区车公庄大街丙 3 号楼 100044
网　　址：www.newstarpress.com
电　　话：010-88310888
传　　真：010-65270449
法律顾问：北京市岳成律师事务所

读者服务：400-0526000 service@luojilab.com
邮购地址：北京市朝阳区华贸商务楼 20 号楼 100025

印　　刷：北京盛通印刷股份有限公司
开　　本：787mm×1092mm 1/32
印　　张：7.625
字　　数：145 千字
版　　次：2022 年 7 月第一版 2022 年 7 月第一次印刷
书　　号：ISBN 978-7-5133-4976-5
定　　价：45.00 元